KB199375

십중대계

1. 살생하지 마라.
2. 훔치지 마라.
3. 음행하지 마라.
4. 거짓말하지 마라.
5. 술을 팔지 마라.
6. 사부대중의 허물을 말하지 마라.
7. 자신을 칭찬하지 말고, 남을 비방하지 마라.
8. 자기의 것을 아끼려고 남을 욕하지 마라.
9. 성내지 말고 참회하면 잘 받아 주어라.
10. 삼보를 비방하지 마라.

청정한 ______________ 님께 드립니다.

나를 일깨우는

겨울 이야기

나를 일깨우는

계율 이야기

이자랑

불교시대사

머리말

팔만사천법문(八萬四千法門)이라 표현되는 부처님의 광대한 가르침 가운데 한국의 불교도들 사이에서 유난히 찬밥신세를 면치 못하고 있는 것이 있으니, 바로 계율(戒律)이다. 계율을 갑옷 삼아, 혹은 발판으로 삼아, 또 때로는 등불로 삼아 정신을 집중하고(定), 부처님의 가르침(慧)에 의해 번뇌를 타파하며 깨달음을 향해 한 걸음씩 나아갈 것을 설하는 불교의 대표적 수행도인 계·정·혜 삼학(三學)의 가르침으로부터도 알 수 있듯이, 계율은 불도 수행의 근간을 이룬다. 그럼에도 불구하고 우리는 계율의 실천에 대해 매우 소극적이고도 안이한 태도로 임하며, 그 훌륭한 가르침을 자신의 삶과 나아가 자신을 둘러싼 이 사회의 올바른 발전을 위해 제대로 활용하지 못하고 있다.

그렇다면 왜 계율은 다른 교리에 비해 불교도들의 관심을 충분히 받지 못했던 것일까? 필자는 그 이유가 계율에 대한 정확한 이해의 결핍에 기인한 편견에 있다고 생각한다. 사람에 따라 차이는 있겠지만, 대다수의 사람들은 계율이라는 말에서 일종의 속박과 답답함 같은 것을 느낀다. 계율의 본질적인 의미는 잊은 채, 이것저것 하지 말라는 갖가지 금지 행위의 제시만을 먼저 떠올리기 때문이다. 그러나 계율, 좀 더 정확히 말해서 계(戒)는 오히려 자신의 심신을 속박하는 갖가지 악행으로부터 벗어나 스스로를 가장 편안한 상태에 머물도록 이끌어주는 가르침이다.

필자는 계란 불교도는 물론이거니와, 인간이라면 누구나 기본적으로 몸에 지녀야 할 '좋은 습관'을 의미한다고 이해하고 있다. 그리고 인생의 행복은 이 좋은 습관의 습득의 양과 비례한다고 생각한다. 지금의 내 자신은 그 동안 내가 반복적으로 해 왔던 일들에 의해 결정된다. 내가 날마다 했던 생각과 말, 행동, 그리고 섭취해 왔던 먹거리나 즐겼던 일들, 이런 모든 것들이 현재의 나를 만들고 있기 때문이다. 지금의 내 모습이 그 동안 내가 되풀이하며 살아온 삶의 결과라면, 현재 하는 행위들은 미래의 내 모습을 결정짓는 요소들이다. 바로 이 때문에 불교에서는 날마다 자신이 되풀이하는 생각과 말, 행동 등에 주의를 기울여 자신의 심신이 올바른 길로부터 벗어나지 않도록 하라는 의미에서 계의 실천을 강조하는 것이다.

그러나 좋은 습관이란 익숙해지기 전까지는 제시된 원칙의 성격을 띠고 있어, 많은 사람들이 쉽게 친해지기 어려운 점이 있다. 여기 실린 글들은 좀 더 많은 사람들이 자신의 삶 속에서 계의 필요성을 인식하게 되기를 바라는 마음에서 집필한 것들이다. 2007년 1월부터 2008년 8월까지 1년 8개월 동안 계율이라는 주제로 법보신문에 글을 연재할 기회가 있었는데, 그때 필자가 발표했던 글들이다. 본서에서는 주제에 따라 세 장으로 나누어 엮었다. 첫 번째 장인 '계 이야기'에서는 계의 의미를 비롯하여 재가불자들이 실천해야 할 기본적인 계를 다루었으며, 두 번째 장인 '율 이야기'에서는 출가 생활의 지침서인 율장(律藏)이라는 문헌에 전해지는 에피소드 가운데 현대인의 삶과도 무관하지 않은 것들을 발췌하여 소개하였다. 율이란 출가자들의 생활 지침으로서 재가불자들의 실천수행도와는 구별되지만, 율장이라는 문헌에 담긴 훌륭한 가르침을 소개하고픈 마음에서 30여 가지 이야기를 다루었다. 세 번째 장인 '윤리적인 삶'에서는 다양한 인간관계 속에서 지켜야 할 기본적인 윤리 및 의식주 생활에 관한 경전의 가르침과 계율에 관한 필자의 몇 가지 생각을 담았다.

1년 8개월여 동안 이 글들을 집필하면서, 계란 것이 우리들의 일상생활, 그리고 지금 우리 사회가 안고 있는 갖가지 문제들과 얼마나 밀접하게 연관된 가르침인가 새삼 실감했다. 계란 내 자신 지금 이 순간 어떻게 살아야 하는가, 그 올바른 방향을 제시해 줌으로써 자기 자신을 근본적으로 바꾸어 줄 뿐 아니라, 다른 사람과의 원활한 관계에도 영향을 미쳐 결과적으로 이 사회조차 변화시킬 수 있는 힘을 지니고 있다. 이 책이 계율에 대한 인식 변화에 조금이라도 기여하여, 많은 사람들이 자신의 심신을 올바른 방향으로 이끌어 가고자 노력하고, 그 결과 얻은 심신의 평안함을 통해 진정한 행복에 이르게 되기를 기원한다.

"이 책이 나오기까지 애써주신 많은 분들에게 진심으로 감사드립니다."

2009년 7월 1일

이자랑 합장

차례

머리말 5

제1부 계 이야기

1. 계(戒)란 무엇인가__15
2. 계(戒)와 율(律)의 차이__19
3. 수계식의 의미__23
4. 불교는 윤리적인 종교__30
5. 선행의 기반은 올바른 지혜__34
6. 삼보에 대한 귀의, 그리고 계의 실천__37
7. 불살생계(不殺生戒)__40
8. 불투도계(不偷盜戒)__43
9. 불사음계(不邪婬戒)__46
10. 불망어계(不妄語戒)__49
11. 불음주계(不飮酒戒)__52
12. 재가불자의 포살__55
13. 팔재계(八齋戒)__58
14. 십선계(十善戒)__61
15. 계바라밀(戒波羅蜜)__64
16. 빨리 범망경-올바른 수행의 나침반__67
17. 삼취정계(三聚淨戒)__70
18. 우바새계경__74

제2부 율 이야기

1. 율장에 담긴 의미_79
2. 부동주-다양성의 인정을 통한 공존_82
3. 화합의 기반은 감사와 배려_91
4. 자기 자신을 찾아라_94
5. 잡담을 삼가라_98
6. 대망어(大妄語)_101
7. 중도적 삶_104
8. 초기 승가의 교육제도_108
9. 자자(自恣)의 유래_117
10. 율장의 정신_121
11. 승가의 조건_130
12. 발우 이야기_140
13. 승가의 질서는 법랍으로_143
14. 남녀의 만남을 주선하지 마라_146
15. 식탐으로부터 벗어나라_149
16. 근거 없이 비방하지 마라_152
17. 출가자로서의 위의_155
18. 복발갈마(覆鉢羯磨)_158
19. 하의갈마(下意羯磨)_161
20. 구출갈마(驅出羯磨)_164

21. 다인어(多人語)-승가의 다수결 원칙__167
22. 참회-반성과 용서를 통해 갈등을 해소하는 화해법__170
23. 범단법(梵壇法)__173
24. 오해받을 행동을 하지 마라__176
25. 현대사회의 화두-생명__179

제3부 윤리적인 삶

1. 싱갈라에게 가르친 경__185
2. 부모와 자식, 그 소중한 인연__188
3. 좋은 친구란__191
4. 고용주와 근로자의 윤리__194
5. 사제 간의 윤리__197
6. 출가자와 재가자의 관계__200
7. 재가불자는 청정교단의 지킴이__203
8. 건강 장수의 길__206
9. 선업은 사후를 위한 저축__209
10. 초목은 유정인가__212
11. 육식에 관한 생각__218
12. 두타행__229
13. 우란분절과 자자(自恣)__237

14. 참회하는 삶__241
15. 생명의 가치를 돌아보며__244
16. 계율 연구의 발전을 바라보며__247
17. 계율은 지금 이 시대를 위한 것__250
18. 계율이야기를 마치며__253

제1부

戒

계 이야기

1. 계(戒)란 무엇인가

새해가 되면 대부분의 사람들은 몇 가지 계획을 세우며 새로운 삶을 다짐하곤 한다.

'아침에 일찍 일어나자.' '담배를 끊자.' '운동을 하자.'

지난 한 해 동안 자신에게 만족스럽지 못했던 점 등을 고쳐 새해에는 좀 더 멋진 모습으로 거듭 나 보겠다는 참으로 가상한 생각이다. 그러나 서글프게도 이 가상한 생각은 작심삼일로 끝나는 것이 보통이다. 하루 이틀은 의욕으로 불타지만, 몸은 곧 게을러지고 마음도 적당한 핑계거리를 제공하며 자신의 행동을 합리화시켜 준다. 필자 역시 작심삼일녀다. 그래서 요즘 삶에 크고 작은 자극을 주는 책들을 틈나는 대로 뒤적거리며 스스로를 바꿔 보고자 노력 중인데, 흥미롭게도 이런 종류의 책들이 성공의 비결이라 한결같이 강조하는 것은 바로 '좋은 습관'이다. 생각해 보면, 새해의 결심이 작심삼일로 끝날 수밖에 없는 이유도 모처럼 시작한 행동을 습관으로 이어가지 못했기 때문이다.

이 '좋은 습관'이 바로 불교에서 말하는 계(戒)의 의미이다.

계는 산스끄리뜨어인 실라(śīla)의 한역으로, 원래 성질이나 특징, 습관, 행위 등을 의미하는 말인데, 이 말이 불교에 도입되면서 특히 '좋은 습관, 좋은 특징, 선한 행위, 도덕적 행위' 등을 가리키게 되었다. 불교에서 말하는 좋은 습관이란 재가자의 경우 오계(五戒)가 중심이 된다. 살생, 도둑질, 사음, 거짓말, 술을 멀리 하는 것이다. 부처님께서는 당시 인도 사회에서 권장되고 있던 도덕적인 행동들을 적극적으로 받아들여 계로 제정, 불교도들에게 실천하도록 가르치셨다. 오계의 내용을 통해서도 알 수 있듯이, 계는 특별한 규범들이 아니다. 현대인의 시각에서 바라보아도 충분히 공감이 가는 매우 기본적인 윤리에 근거한 항목들이다. 바로 이러한 올바른 행동들을 지속적으로 실천함으로써 점차 몸에 좋은 습관이 붙어 몸과 마음이 악행을 떠나 자유로운 경지에 이르는 것이 불교에서 말하는 계의 이상적인 상태이다.

계는 강제성을 지니는 규범은 아니다. 이것은 악행을 멀리하고자 하는 자발적인 정신력을 기반으로 하기 때문에, 설사 어겼다 해도 벌을 받는 일은 없다.

그런데 나약한 인간에게 있어 자율성이란 때로는 큰 방해물이 되곤 한다. 《대지도론》 권13에서는, "즐겨 선도(善道)를 실천하며 스스로 게으름 피우지 않는 것, 이것을 계라 한다."고 정의하고 있다. 즉 선한 행동을 즐겨 실천하며, 항상 자신을 채찍질하는 것이 계라는 것이다. 의지가 약한 인간에게 있어

계의 지속적인 실천이란 쉬운 일이 아니다. 세상은 유혹으로 가득 차 있고, 인간은 본능적으로 욕망의 지배를 받기 마련이다. 어려운 길보다는 쉬운 길을 택하고 싶고, 때로는 자신의 이익을 위해 거짓말도 살생도 마다하지 않는 것이 인간이다. 그러므로 항상 정견(正見), 즉 올바른 견해를 확립하고 이를 지속적으로 실천할 수 있는 강인한 정신력을 기르지 않는다면 자신을 파멸로 이끄는 수많은 나쁜 습관에 익숙해지게 된다.

우리는 계라는 말에서 묘한 구속감을 느끼곤 한다. 그래서 어차피 지키지 못할 계라면 아예 받지 않겠다고 생각하는 경우도 있다. 그러나 계를 실천하는 길이 끝없이 고되기만 한 것은 아니다. 계가 습관이 되는 순간, 우리는 오히려 계의 보호를 받게 된다.

여기 아침마다 공원을 산책하는 습관을 지닌 사람이 있다고 하자. 어쩌다 늦잠을 자 허둥지둥 출근길에 올랐다. 기분 탓일 수도 있겠지만, 그는 하루 종일 몸과 마음이 개운하지 못할 것이고, 결국 이 찜찜한 기분이 싫어 가능한 한 날마다 그 습관을 유지하려고 노력할 것이다. 그리고 이 좋은 습관은 결과적으로 그에게 건강한 정신과 육체를 선물해 줄 것이다. 한편, 매일 매일 담배를 피워대고 폭음하며 사는 사람이 있다고 하자. 자신의 몸이 니코틴과 알코올로 찌들어 가는 대도 그 나쁜 습관으로부터 헤어나지 못한다면 그가 얻게 될 결과는 자명하다. 이와 같이 몸이 어떤 습관을 얻게 되는가에 따라 그 사람의 인생은 크게 바뀌게 된다. 계는 업(業)의 이치와 같은 것이다.

새해가 되면 항상 세우는 계획 속에 올해는 계의 실천을 넣어 보는 것은 어떨까. 인간으로서 갖추어야 할 기본적인 윤리를 인식하고 그 실천을 습관으로 이어가는 정신력을 기른다면, 우리는 이미 깨달음의 세계로 한 발자국 다가섰다 해도 과언이 아닐 것이다.

2. 계(戒)와 율(律)의 차이

"계율이란 말을 듣기만 해도 왠지 숨이 막혀요. 이것도 하지 마라, 저것도 하지 마라. 그럼 뭘 하면서 살라는 거예요?"

주변에서 심심찮게 들려오는 불평이다. 이 불평 속에는 계율이란 출가수행자들이나 지키면 그만이지, 왜 우리 같은 재가불자까지 그 속박 밑에 있어야 하는가라는 생각이 잠재하고 있다 해도 과언이 아닐 것이다. 즉 '계율=출가수행자의 율'을 동일시하고 있는 것이다.

그런데 엄밀히 말하자면, 계율이란 말은 적절한 표현이 아니다. 계율이란 계와 율이라는 두 말이 합쳐져 이루어진 용어인데, 이 합성어는 빨리어나 산스끄리뜨어 문헌에서는 그 용례를 발견할 수 없다. 즉 중국에서 한역되는 과정에서 계율이라는 합성어가 생겨나고, 한국이나 일본불교도 이 영향을 받고 있는 것이다. 계율이라는 표현이 크게 잘못되었다고 할 수는 없지만, 서로 구별되는 의미를 지니는 두 말이 하나로 합쳐져 사용되면서 약간의 오해를 불러일으키고 있다는 점에 대해서는 한 번 생각해 볼만하다.

그렇다면, 계와 율에는 어떤 차이가 있는 것일까? 계는 세간의 도덕이나 윤리에 해당하는 개념이다. 예를 들어 재가불자가 지켜야 할 오계 가운데 불살생계라는 것이 있다. 살아있는 생명을 해쳐서는 안 된다는 계이다. 그런데 어느 날 밤 방안에 모기 한 마리가 날아들었다. 그대로 두면 밤새 피를 빨릴 것이고 결국 뒤척거리다 날밤을 샐 것이 분명하다. 가렵지만 않다면 그깟 피 정도 너그러운 마음으로 내어 주겠지만, 물린 후의 가려움만은 용서할 수 없다. 결국 망설이다 두 손바닥으로 힘껏 모기의 몸을 터뜨려 죽이고 말았다. 손바닥 안에서 누구의 피인지 모를 묘한 습기가 느껴지고, 한 순간 찜찜한 기분에 휩싸인다. "내쫓을 걸 그랬나?" 이 경우 우리는 불살생계를 어겼다 하여 벌을 받게 될 것인가? 아니다. 이 상황에서 중요한 것은 바로 모기를 죽이기 전에 느끼게 되는 망설임과 죽인 후에 느끼는 찜찜함이다. 계란 바로 이런 것이다. 옳지 못한 행동을 앞에 두고 느끼게 되는 죄책감이나 갈등을 통해, 두 번 다시 똑같은 악행을 저지르지 않겠다고 참회하고 이를 계기로 올바른 행동들을 자발적으로 그리고 지속적으로 실천하는 노력을 하는 것이다. 그리고 어느 새 이것은 좋은 습관으로 발전하고, 결국 우리들의 몸과 마음을 평안한 상태로 유지시켜 주게 된다.

한편, 율이란 한 나라의 법률 내지 한 단체의 규칙과 같은 것이다. 예를 들어 인터넷을 통해 어떤 단체에 가입하려 할 때 우리는 반드시 그 단체가 제시하는 회원조약에 동의해야 한다. 그리고 만약 이를 어겼을 때는 그에 따른 불이익을 감수해야 한다. 외국에 나갔을 경우에도 마찬가지이다. 우리는 한국인이지만, 외국에 발을 들여 놓는 순간부터 그 나라의 법률 하에 있게 된다. 율도 이와 같다. 일반인이었던 사람이 출가라는 행위를 통해 승가공동체에 발을 들여 놓는 순간, 그는 승가가 제시하는 규칙에 따라야 한다. 만약 그가 따르지 않고 재가자일 때와 똑같은 행동을 반복한다면 승가의 질서는 무너질 수밖에 없다. 따라서 다소 강제적이기는 해도 승가의 질서를 유지하여 그 안에 있는 모든 출가자들이 수행에 전념하고 화합할 수 있는 환경을 조성하기 위해서는 율이 필요한 것이다.

이와 같이 계와 율 사이에는 큰 차이점이 있는데, 우리는 계율이라는 합성어를 사용하며 이를 승가의 규칙으로서의 율과 동일시하는 경향이 있는 것 같다. 그러나 계에는 외부로부터 가해지는 강제성은 없다. 오로지 자발적인 정신력의 문제이다. 한편, 율 역시 계의 정신을 기반으로 지켜져야 함은 말할 필요도 없다. 아무리 강제적인 규칙이라 해도 자발적으로 지키고자 하는 정신이 결여되어 있다면, 그것은 언제 바닷물에 씻겨 나갈지 모를 모래성과 다름없기 때문이다. 윤리나 도덕이 시간과 공간을 초월하여 모든 시대와 모든 사람들에게 공통적으로 적용되는 것처럼 계 역시 사람인 이상 모두가 지니고 살아야 할 덕목이다. 특히 불교도라면 출가와 재가를 막론하고 항상 계의 정신을 상기하며 악행에 대한 꺼림을 통해 자신의 심신을 평안하게 유지하려는 노력이 필요하다. 악행을 일삼으면서 마음의 평안을 얻는 사람은 없을 것이기 때문이다. '자발적인 선행의 실천', 이것이야말로 불교도로서의 출발이자 깨달음을 향한 첫걸음이다.

3. 수계식의 의미

계체의 획득

반가운 메일 한통을 받았다. 몇 년 전에 필자의 강의를 들었던 학생이 보내 온 새해인사 메일이었다. 속 썩이는 자식이 효도한다 했던가, 그 당시는 통제가 안 될 만큼 산만한 청강태도로 필자의 마음을 그리도 상하게 하더니, 언제부터인가 가끔 소식을 전하며 안부를 묻곤 한다. 이번에는 얼마 전에 받은 수계식에 관한 이야기였다. 그 동안 사이비 불교신자로 살다가, 최근 어머니가 다니시는 절 주지스님의 권유로 계를 받게 되었다는 내용이었다. 그런데 괜히 계를 받은 것은 아닐까 요즘 들어 후회막급이라고 했다. 이유인즉, 계를 받고 나니 그 전에는 아무렇지 않게 하던 행동 하나하나가 모두 신경쓰이고 자유롭지 못하다는 것이었다. 친구들과 술 한 잔 할 때도 왠지 찜찜하고, 친구에게 장난삼아 하던 거짓말도 마음에 걸리고, 방에 들어온 바퀴벌레 한 마리 때려잡으면서도 마음이 불편하다고 했다. 게다가 계를 받은 이상 흉내라도 내고 싶은데, 마음만 거북할 뿐 하는 행동은 이전과 크게 다르지 않은 의지박약한 자신의 모습이 더욱 더 마음을 무겁게 한다고 했다. 그는 수계식의 효과를 제대로 경험하고 있는 것이다.

어떤 인연에 의해서든 일단 불자가 되겠다고 결심한 사람은 불·법·승 삼보에 귀의하고 수계식이란 것을 치루게 된다. 수계식이란 일반인에서 재가불자로 넘어가는 단계에서 거쳐야 할 일종의 통과의례로서, 지금껏 일반인으로 살아왔던 사람이 앞으로는 불교의 정신에 근거하여 우바새(남성재가신자), 우바이(여성재가신자)로 살아가겠다는 결의를 표명하는 자리이다. 수계희망자는 수계식을 통해 불교도로서의 이름, 즉 법명(法名)을 얻게 된다. 그리고 불교도가 실천해야 할 행동 윤리를 내용으로 하는 계라는 것을 받게 되는데, 바로 계를 받는 이 행위가 말 그대로 수계식의 핵심 부분이다. 그렇다면 수계식을 통해 계를 받는다는 것에는 어떤 의미가 있는 것일까?

부파에 따라 의견에 차이가 있지만, 일반적으로 '계체(戒體)'의 획득이라는 관점에서 수계식은 매우 중시된다. 계체란 계의 본체라는 의미로 방비지악(防非止惡)의 힘을 가리킨다. 예를 들어, 오계를 받은 자가 그 후의 생활에서 오계의 영향으로 인해 더 이상 살생이나 거짓말 등과 같은 악행을 하지 못하도록 차단해 주는 '보이지 않는 힘', 이것이 바로 계체이다. 위에서 소개한 필자의 제자가 계를 받은 후 느꼈던 '악행에 대한 거리낌'이 바로 그 좋은 예이다. 수계식에서 수계희망자는 '~하는 행동으로부터 떠나겠습니다'라고 맹세하며, 이후 불교도로서 부끄럽지 않은 올바른 심신을 유지해 나갈 것을 자발적으로 약속하게 되는데, 이 약속은 수계식이 끝난 후에도 '보이지 않는 힘'이 되어 수계자에게 남게 된다. 그리고 이후 그가 더 이상 악행을 일삼지 못하도록 방해하는 근본적인 힘이 되어 준다. 수계식이라는 공식적인 의식을 통해 불·법·승 삼보를 마주하고 한 자신과의 약속이라는 점이 아마도 수계 후까지 그 사람의 마음에 남아 영향을 주게 되는, 일종의 심리적 현상이라고 할 수 있을 것이다.

이 계체는 수계식 이후 본인의 의지 여하에 따라 더 강해질 수도 또는 약해질 수도 있지만, 일단 계체 획득의 계기를 마련하여 불교도로서의 첫 걸음을 내딛게 해 준다는 점에서 수계식의 의미는 중대하다. 아무리 좋은 행동이라도 굳건한 결의가 선행되지 않는다면 시작하기도 힘들고 지속하기도 힘들기 때문이다. 한편, 만약 수계식을 받았는데도 악행에 대한 꺼림을 전혀 느끼지 못한다면, 그는 자신의 수계가 그 순간만이라도 진지한 결의에 근거하여 이루어졌는지 다시 한 번 되돌아 볼 필요가 있을 것이다. 불자로서의 올바른 행동을 통해 불교의 궁극적인 목표에 한발 한발 다가가고자 하는 절실한 의지에 근거한 수계식이 아니라면, 진정한 계체의 획득은 기대하기 힘들다.

자칭 불교신자라고 하면서 '어차피 지키지도 못할 거, 받고 난 후 마음만 불편하기 싫어서'라는 이유로 수계식을 꺼리는 사람들을 만나게 된다. 그러나 수계식의 목적은 자신의 잘못된 행동을 자각하고 이에 대해 불편한 마음을 일으킬 줄 아는 계체를 심어 주는 것에 있다. 왜냐하면, 이 불편한 마음이야말로 악행을 멀리하고 선행을 즐기게 해 줄 하나의 훌륭한 씨앗이기 때문이다.

잃어버린 계체의 재획득

수계식에서 이루어지는 자발적인 결의는 '계체(戒體)'라는 보이지 않는 힘이 되어 수계자의 마음속에 자리 잡게 되고, 이후 그 사람이 불교도로서 올바른 삶을 살아가게 해 주는 하나의 길잡이가 된다. 그런데 수계식을 통해 얻은 계체는 영원불멸한 것이 아니다. 계를 받은 후, 여러 가지 요인에 의해 계체의 힘이 약해질 수도 혹은 사라져 버릴 수도 있다. 수계식이 거행되는 동안에는 앞으로 불교도로서 부끄럽지 않은 삶을 살겠노라 가슴 벅찬 결의를 하지만, 수계식이 끝나고 현실로 돌아오는 순간, 여러 가지 유혹 앞에서 그 결의는 눈 녹듯 서서히 사라져 간다.

재가불자의 불도(佛道) 실천법을 다루는 몇몇 경전들은, 수계 후 계체의 힘이 약해지거나 아예 잃어버릴 경우를 전제로 그 후의 실천 방법을 제시하고 있다. 예를 들어, 12세기경에 아난다(Ānanda)라는 스리랑카 스님이 빨리 주석서에 근거해 지었다는 《우빠사까자나랑까라(Upāsakajanālaṅkāra)》라는 문헌에 의하면, 계란 한 번의 결의로 완전한 실천이 실현되는 것은 아니며, 수계자의 긴장감이 느슨해짐에 따라 점차 그 힘을 잃고 더럽혀져 가는 것이라고 한다. 따라서 계가 더럽혀졌을 때 그 더러움을 정화하고 결의를 새롭게 하여 계의 실행에 힘쓰는 것이 무엇보다 중요하다고 한다. 즉 결의의 반복을 통해 마침내 계의 완전한 실천을 기대할 수 있다는 것이다.

그렇다면, 계를 어기거나 혹은 계를 지킬 힘, 즉 계체를 아예 잃어 버렸을 경우 어떻게 해야 하는가? 《우빠사까자나랑까라》에 의하면, 계를 어겼을 경우에는 우선 자신이 계를 어기게 된 불선법(不善法)을 제거하는 것을 통해 계를 정화해야 한다.

불선법이란 분노, 교만, 게으름, 질투, 탐욕, 어리석음 등을 말하는데, 이러한 잘못된 법들이 마음속에 자리 잡음으로써 계를 어기게 된다고 한다. '저 사람보다 내가 훨씬 잘 났는데'라는 우월감을 느끼는 것은 교만심에서 비롯되는 것이며, 남의 행복에 배가 살살 아파오는 것은 질투심에 기인하는 것이다.

따라서 자신의 마음에 생겨난 불선법을 응시하고 이를 제거하는 노력을 통해 항상 계체를 유지해 가야 한다. 이 때 선우(善友)와의 교제나 설법의 청문 등이 이 상태를 유지하는데 도움이 된다고 한다. 즉 올바른 행을 실천하는 좋은 친구와의 만남, 그리고 스님들의 설법을 통해 자신의 행동을 돌아보고 고쳐나가는 계기를 마련할 수 있다는 것이다.

이것은 곧 참회(懺悔)의 실천이다. 한 순간 불선법에 사로잡혀 잘못된 행동을 했다 하더라도 이를 되돌아보며 자신의 행동이 잘못되었다는 사실을 인식, 참회하고, 나아가 그 원인이 된 불선법을 제거함으로써 앞으로 똑같은 악행을 되풀이 하지 않도록 자신에게 주의를 주는 것이다. 이 참회의 반복을 통해 언젠가는 계가 좋은 습관이 되어 몸의 일부로 자리 잡게 된다.

이상이 가장 이상적인 계체 유지의 방법이지만, 말처럼 그리 쉬운 것은 아니다. 잠시 방심하면 어느 새 자신이 무슨 생각을 하며 무슨 행동을 하고 있는지, 그것이 올바른 것인지 잘못된 것인지 조차 구별하지 못하는 상태로 살게 된다. 예전에 계를 받은 기억만이 희미하게 남아 있을 뿐 그때 스스로 결의하며 마음에 심었던 맹세의 힘은 온 데 간 데 없다. 이럴 경우 어떻게 해야 하는가? 그 대답은 '다시 수계식을 받아야 한다.'는 것이다.

그 이유는 완전히 잃어버린 계체는 수계식을 통해서만 다시 얻을 수 있기 때문이다.

주변에서 흔히 '계를 몇 번이고 다시 받아도 되는가?'라는 질문을 받곤 하는데, 스스로 계체를 잃어버렸다고 판단된다면 몇 번이고 다시 받아야 한다. 단, 이것은 진정한 참회에 근거한 반복이어야 한다.

계는 오로지 본인의 자발적인 결의에 근거한 것이다. 지계도 파계도 본인의 의지에 의한 것이며, 자신의 몸이나 입, 그리고 마음이 만들어 낸 상황이 지계인가 파계인가의 최종 판단도 본인이 하는 것이다. 따라서 본인의 진정한 참회와 결의가 담긴 수계식이 아니라면, 근본적인 변화는 기대하기 힘들다.

진지한 자기 성찰에 기반을 둔 반복이야말로 그 효과를 최대한 발휘하게 된다는 사실은 새삼 다시 강조할 필요도 없을 것이다.

4. 불교는 윤리적인 종교

'불교는 윤리적인 종교이다.' 이 제목을 본 일부 독자들은 분명 기이하게 여길 것이다.

'그럼, 윤리적이지 않은 종교도 있나? 나쁜 짓 하라고 시키는 종교가 어디 있어.' 옳은 말이다.

비윤리적인 종교를 어찌 종교라 이름 하겠는가. 그럼에도 불구하고 필자가 굳이 불교의 특징으로 윤리를 든 것은, 많은 종교들 가운데서도 불교는 특히 철저하게 윤리적이기 때문이다.

악행의 금지와 선행의 권장, 이 세상에 태어나 철이 들 무렵부터 집에서는 부모님으로부터, 학교에서는 선생님으로부터 귀가 따갑도록 듣고 살아왔다.

종교인이 아니라도 인간이라면 누구라도 지키고 살아가야 할 도덕적 가르침이다. 이렇듯 어찌 보면 너무나도 당연한 가르침을 불교 경전에서는 수없이 반복한다.

"악행을 저지르는 것보다는 아무것도 하지 않는 것이 낫다. 악행을 저지르면 나중에 후회한다. 단지 어떤 행위를 하기보다는 선행을 하는 것이 낫다. 선행을 실천하면 나중에 후회하는 일이 없다."《법구경》 314게) "늙어 죽는 날까지 계를 지키는 것은 즐겁다. 믿음이 확립해 있는 것은 즐겁다. 밝은 지혜를 체득하는 것은 즐겁다. 여러 가지 악행을 짓지 않는 것은 즐겁다."《법구경》 333게) "만약 당신이 악행을 저지르거나, 혹은 언젠가 짓는다면 당신은 괴로움으로부터 벗어날 수 없다. 설사 당신이 하늘로 솟아올라 도망치려 한다 해도……."《우다나바르가》 제9장 제4게)

그리고 계라는 이름 하에 선행과 악행의 내용을 구체화시켜 그 실천을 적극적으로 권하고 있다.

그렇다면 왜 불교는 이토록 도덕이나 윤리, 즉 계를 강조하는 것일까?

그것은 계의 실천이야말로 진정한 마음의 평안을 얻는 길이기 때문이다. 이것은 삼학(三學)의 교설 속에 잘 반영되어 있다.

삼학이란 세 가지 가르침인 계와 정(定), 그리고 혜(慧)를 가리키는 것으로, 올바른 생활인 계를 통해 마음의 평안 내지 정신의 통일인 정에 이르게 되며, 결국 이를 기반으로 깨달음, 즉 혜에 도달할 수 있다는 것이다. 다시 말해, 계란 불교의 궁극적인 목표인 깨달음을 얻기 위한 가장 기본적인 실천행이라고 할 수 있다.

악행을 일삼으며 자신의 심신을 올바르게 가다듬지 못하는 사람에게 있어 마음의 평안이 있을 리 없으며, 마음에 평안을 얻지 못한 사람이 어찌 진리를 꿰뚫어 볼 수 있겠는가.

이와 같이 계는 불도 수행의 근간임에도 불구하고 그 중요성이 망각된 채 명상과 깨달음이라는 화려한 그늘에 가려 어디서도 대접받지 못하는 미운오리새끼 같은 존재가 되어 버린 것 같아 안타깝다.

요즈음 교계신문을 떠들썩하게 장식하며 도덕 불감증의 극치라는 표현을 불러일으키고 있는 여러 사건들을 보고 있노라면, 왜 부처님이 계의 실천을 그토록 강조하셨는지 새삼 납득하게 된다.

인간이 인간으로서 갖추어야 할 기본적인 인격을 갖추지 못한다면 어찌 그를 인간이라 부를 것인가. 그리고 인간이기를 포기한 채 추악한 본능에 사로잡혀 진흙탕 속에서 뒹굴기를 자처한 자에게 깨달음이 다 무엇이란 말인가.

과거칠불이 공통으로 설했다고 전해지는 그 유명한 칠불통계게(七佛通誡偈)를 마음에 떠올려 보자.

> 제악막작 중선봉행 자정기의 시제불교
> 諸惡莫作 衆善奉行 自淨其意 是諸佛敎
> 모든 악을 짓지 않고 모든 선을 받들어 행하며
> 자신의 마음을 청정히 하는 것,
> 이것이 모든 부처님들의 가르침이네.

지식욕을 자극하기에는 좀 부족한 듯한 느낌의 소박한 게송이지만, 불교의 정신만은 군더더기 없이 훌륭히 표현하고 있다.

불교란 저 멀리 허공에 떠 있는 구름을 잡듯 고원한 진리를 찾아 헤매는 길이 아닌, 바로 지금 이 현실 속에서 올바른 행을 실천하며 한 순간 한 순간 자신의 마음을 닦아 가는 길이라는 사실을 상기할 때이다.

5. 선행의 기반은 올바른 지혜

얼마 전 TV의 한 프로그램을 보다가 가슴이 철렁했다. 어쩌다 그리 높은 곳까지 올라가게 되었는지, 아직 어려 보이는 개 한 마리가 아득한 절벽 위에서 내려 갈 곳을 찾으며 주춤거리고 있었다. 주민의 신고를 받고 출동한 몇 명의 관공서 직원들이 포획하려 애썼지만, 겁먹은 개는 더 놀라 미친 듯 주변을 맴 돌았고, 그렇게 한 시간 이상을 보내다 결국 밑으로 추락하고 말았다. 다행히 밑에 안전망을 쳐둔 덕에 아슬아슬 목숨은 부지했다. 그 장면을 보며 문득 이런 생각이 들었다. '만약 개가 안전망에 걸리지 못하고 떨어져 죽었다면 어떻게 되었을까?' 위험한 상황에 놓인 개를 안타깝게 여겨 살리고자 한 행위는 의심할 여지없이 선행이다.

그러나 만약 그 개가 죽었다면 이는 결과적으로 살생이라는 악행이 되는 것은 아닐까?

선행과 악행, 명확히 구별 가능할 것 같지만, 현실적으로 한 가지 행동이 과연 선행이었는지 악행이었는지 판단하기 어려운 경우가 많다.

불교의 경우, 계가 선행의 구체적인 내용이 되므로, 계를 지키는 것이 곧 선행을 실천하는 길이라고 볼 수 있다. 그러나 복잡하게 얽힌 우리의 삶은 곧잘 당혹스러운 상황을 만들어낸다. 좋은 의도로 시작한 일이 때로는 예상치도 못한 정반대의 결과를 초래하는 경우가 적지 않은 것이다. 그렇다면 이런 경우, 어떤 기준에 근거해서 선행과 악행을 판단해야 할까? 문헌에 따라 견해의 차이는 있지만, 기본적으로 불교는 결과보다 의도나 동기를 중시하는 입장이다. 마음에 무슨 생각을 품고 한 행동인가가 그 행동의 선악을 결정하는 주된 잣대가 된다. 즉 결과가 아무리 좋다 해도 만약 악의를 지니고 한 행동이라면 이것은 절대 선행으로 간주될 수 없는 한편, 설사 결과가 좋지 못해도 만약 올바른 마음으로 다른 이의 행복을 위해 한 행동이라면 악행이라 할 수 없다.

이것은 의도만 좋으면 결과는 아무래도 좋다는 뜻은 결코 아니다. 좋은 결과를 낳는 선행의 실천을 위해서, 우선 좋은 의도를 갖는 것이 무엇보다 중요하다는 점을 지적하고 있는 것이다. 그렇다면 진정한 선행의 실천을 위해 필요한 올바른 의도나 생각은 어디에서 비롯되는가? 그것은 사물을 바라보고 이해하는 올바른 시각, 즉 지혜로부터 생겨난다.

《잡아함경》 권28에서는, 지혜를 갖추었을 때 비로소 올바른 견해와 올바른 사유, 올바른 말, 올바른 행동, 올바른 생활, 올바른 노력, 올바른 정신통일 등을 실천할 수 있다고 한다.

여실하게 진리를 바라볼 수 있는 지혜를 갖추었을 때, 비로소 그 지혜를 기반으로 자기 자신의 완성은 물론이거니와, 모든 생물의 이익과 행복을 위한 최선의 자비행이 실천 가능하다.

불교의 대표적 교리인 삼학은 흔히 계·정·혜라 하여 단계적인 배움으로 이해되지만, 한편 이 세 가지는 유기적인 관계 속에서 끊임없이 서로 영향을 주고받고 있다고도 볼 수 있다. 계와 정을 실천함으로써 지혜를 얻기도 하지만, 또 진리를 이해하고 사물을 제대로 바라보는 지혜를 갖춤으로써 비로소 진정한 계와 정의 실천이 가능해지기도 한다.

그리고 언젠가 이 세 가지가 완벽한 조화를 이루었을 때, 이번에는 선과 악이라는 분별조차 잊은 채 자연스럽게 최고의 선을 실현하는 단계에 이르게 된다. 이것이 바로 불교가 지향하는 궁극적인 상태이다. 마치 우리가 처음 피아노를 배울 때, 각 건반이 지니는 음색을 정확히 배워 기억하고 이를 꾸준히 연습해가다 보면, 어느 새 무의식중에 아름다운 선율을 만들어 내는 것과 같다.

계·정·혜, 이 삼자가 어우러져 아름다운 조화를 이루는 상태, 이것이야말로 불도 수행의 극치라 할 것이다.

6. 삼보에 대한 귀의, 그리고 계의 실천

"불을 섬기는 바라드와자 바라문은 부처님께 다음과 같이 말씀드렸다. '부처님이시여! 놀랍습니다. 마치 쓰러진 사람을 일으키듯, 가려진 것을 벗겨주듯, 길을 잃어 헤매는 자에게 길을 알려 주듯, 혹은 눈뜬 자는 빛을 보리라며 어둠 속에서 등불을 비추어 주듯, 부처님께서는 여러 가지 방법으로 법을 설하셨습니다. 저는 부처님과 법, 그리고 승가에 귀의합니다. 부처님께서는 부디 오늘부터 저를 우바새로 받아주십시오. 목숨이 끝날 때까지 귀의하겠습니다.'"

이 구절은《숫따니빠따》라는 초기 경전에 나오는 것으로, 부처님으로부터 가르침을 받고 감동한 바라드와자 바라문이 우바새, 즉 재가불자로 평생 살아갈 것을 부처님께 청하는 내용이다. 여기에서 나타나듯, 불교도가 되고자 마음먹은 사람은 먼저 불(佛)·법(法)·승(僧) 삼보에 귀의해야 한다. 이것은 삼귀의(三歸依)라 하여, 불교도가 되기 위해 반드시 갖추어야 할 조건이다. 기원전 5~6세기경 인도에서 발생한 불교는 이

후 오랜 세월에 걸쳐 수많은 지역에서 다양한 모습으로 발전을 거듭하며 오늘 날에 이르고 있지만, 시간과 장소, 그리고 소승과 대승을 불문하고 삼귀의는 모든 불교도가 기본적으로 갖추어야 할 중요한 조건이다.

깨달음을 열고 불교라는 종교를 창시하신 위대한 스승 부처님, 부처님이 설하신 가르침, 그리고 부처님의 가르침을 적극적으로 실천하며 수행에 힘쓰는 제자들의 공동체인 승가, 불교를 구성하는 이 세 가지 보물을 의지처로 흔들림 없는 청정한 신심을 지님으로써 삶에 대한 공포나 두려움, 괴로움으로부터 벗어날 수 있다. 부처님이 존재하는가 안 하는가, 혹은 부처님이 설하신 가르침이 진리가 아닌 사견(邪見)에 불과한 것은 아닐까 마음에서 의심을 떨쳐 버리지 못한다면 불교라는 종교를 통해 마음에 평안을 얻는 것은 불가능할 것이다.

경전에 따라서는 삼보에 대한 귀의만으로도 불교도가 될 수 있다고 설하는 것도 있다. 그러므로 믿음만으로도 불교도가 될 수 있다는 해석이 아주 불가능한 것은 아니지만, 대부분은 이 셋에 계의 구족을 더하여 불교도가 되기 위한 조건으로 네 가지를 든다. 그 대표적인 교설이 사예류지(四預流支)이다. 예류란 불교의 흐름 속으로 들어왔다는 의미이므로, 사예류지란 불교의 흐름 속으로 들어가기 위해 반드시 필요한 네 가지 조건을 말한다. 즉 불·법·승 삼보에 대한 흔들림 없는 청정한 믿음, 그리고 계의 구족이다. 이는 부서짐이 없는 네 가지 청정한 믿음이라는 의미에서 사불괴정(四不壞淨)이라고도 한다.

이것은 불교라는 종교가 갖는 기본적인 성격을 고려할 때 매우 납득할 만한 가르침이다. 불교는 기본적으로 부처님의 가르침에 따라 수행하고, 이를 통해 깨달음에 도달하는 것을 목표로 하는 종교이다. 결코 맹목적인 신앙만으로 구제받을 수 있다고 설하는 유형의 종교는 아니다. 그러므로 반드시 종교적 실천이 중요한 문제로 부각될 수밖에 없는데, 이 종교적 실천을 통해 우리는 삼보에 대한 신심을 더욱 더 견고히 유지할 수 있다는 사실을 잊어서는 안 될 것이다.

우리를 둘러싼 내외의 환경은 끊임없이 변화하고, 이와 더불어 우리의 마음 역시 순간순간 너무나도 복잡하게 움직인다. 처음부터 굳건한 신심을 지니지 못했던 사람은 말할 것도 없고, 때로는 굳건한 신심을 지녔다고 여겼던 사람조차 어느 순간 삼보를 믿고 의지하는 마음을 잃어버리지 않는가. 그러므로 믿음은 반드시 적극적인 종교적 실천으로 부지런히 다져 나가야 한다. 삼보에 대한 믿음과 그 믿음을 기반으로 한 올바른 계의 실천, 이 네 가지 조건이 갖추어졌을 때 비로소 불교도라는 이름이 어울릴 것이다.

7. 불살생계(不殺生戒)

재가불자가 지켜야 할 오계(五戒) 가운데 첫 번째는 불살생계이다. 살아있는 생명에게 해를 입히거나 목숨을 빼앗는 행위를 경계하는 계이다. 그런데 필자는 학생들로부터 자주 이런 질문을 받는다. "불교에서는 살아있는 것을 죽여서는 안 된다고 하는데요. 그러면 파리나 모기, 바퀴벌레 이런 것도 죽이면 안 되나요?" 참으로 난감한 질문이다. 절대로 죽여서는 안 된다고 하자니 이런 종류의 불결한 해충들이 가져다 줄 불이익이 마음에 걸리고, 그렇다고 죽여도 좋다고 하자니 불살생계의 의미 자체가 애매모호해진다. 결국 명확한 답변을 회피한 채, 스스로도 납득이 안 가는 궁한 대답으로 얼버무리기 일쑤다.

그런데 어느 날 필자는 지금껏 자신이 생명에 대해 얼마나 큰 편견을 지니고 살아 왔는지 문득 깨닫게 되었다. 그것은 곤충이나 벌레들의 삶을 소개해 주는 TV의 한 프로그램을 볼 때였다. 무의식중에 파리나 모기, 바퀴벌레와 같은 종류의 생물은 더럽고 미미하며 사람에게 피해나 주는 아무짝에도 쓸모

없는 해충이라 생각하고 있었지만, 화면에 비친 그들의 모습은 어떤 다른 생명체와 비교해도 뒤떨어지지 않는 장엄한 것이었다. 목숨을 유지하고 후손을 남기기 위한 처절하고도 절실한 그들의 본능, 그것은 그들 역시 이 자연계를 구성하는 소중한 생물체임을 실감하게 했다. 그 동안 나에게 조금 해가 된다 하여 해충이라 치부하고 별 죄책감도 없이 숫한 목숨을 앗아 온 자신이 너무나도 부끄러웠다. 자기 본위로 생각하는 인간의 이런 이기심과 우월감이 결국 벌레나 동물은 말할 것도 없고, 심지어 전쟁을 일으켜 수많은 사람의 목숨까지도 태연하게 빼앗는 불행을 불러일으키는 것은 아닐까.

우리는 불살생계라 하면 '살아있는 생명을 해치지 말라'는 금지의 의미로만 받아들이지만, 불교원전에서는 '살생을 버리고(pahāya), 살생을 멀리한다(paṭivirati)'는 표현을 사용한다. 즉 자발적으로 살생을 멈추고 멀리한다는 의미이다. 그리고 그 근거로써 살생과 같은 악행을 저지르는 것에 대한 부끄러움과 생물에 대한 애정, 고통 받는 자들에 대한 연민과 자비를 든다. 즉 살생은 부끄러운 행동이라는 자각하에 다른 생명에 대한 경외심과 애정을 바탕으로 그들의 고통을 측은히 여겨 감싸 안을 수 있는 자비로운 마음을 갖추었을 때, 비로소 살생으로부터 떠나고자 하는 자발적인 의지가 생겨난다. 아무리 보잘 것 없어 보이는 생명이라도 삶을 받고 이 세상에 태어난 이상 그들에게도 살아 갈 권리, 그리고 행복을 누릴 권리가 있다. 이 사실을 기억하고 모든 생물에 대해 측은지심을 갖는 것, 이것이야말로 불살생계의 진정한 의미가 아닐까 싶다.

불교경전에서는 살생을 해서는 안 되는 이유로 어떤 생물에게 있어서든 자신보다 더 소중한 것은 세상 어디에도 존재하지 않기 때문이라는 점을 든다. 즉 생명을 지닌 것은 그것이 어떤 형태의 것이든 스스로에게 있어서는 자신이 가장 소중한 법이니, 내게 있어 내 자신이 소중한 만큼 다른 생명체 역시 그러하다는 사실을 잊지 말라는 의미이다. 내 몸이 폭력으로 상처받았을 때의 고통을 기억한다면, 그리고 내 앞에 죽음이 닥쳐왔을 때의 공포를 상상해 본다면, 다른 생명에 대해 폭력을 행사하거나 목숨을 빼앗는 행동은 꺼려질 수밖에 없다. 다른 생명체를 나와 똑같은 하나의 소중한 생명으로 인식하는 것, 이것이야말로 자연스럽게 불살생계를 실천하는 길인 것이다.

요즘 여기저기서 들려오는 '나는 소중하니까'라는 말이 자신의 소중함만을 주장하는 이기적인 외침이 아닌, 내 자신의 소중함을 아는 것이 곧 다른 생명의 소중함도 알게 되는 길이라는 인식이 담긴 외침이었으면 좋겠다.

8. 불투도계(不偸盜戒)

'불투도계', 재가불자가 지켜야 할 오계 가운데 두 번째에 위치하는 이 계는 남의 것을 훔치지 말라는 정도의 뜻으로 일반적으로 이해되고 있지만, 좀 더 정확히 말하자면, 자신에게 주어지지 않은 것을 취하는 행동으로부터 자발적으로 떠나고 멀리 함을 의미한다. 남의 소유물은 말할 것도 없고, 설사 특정한 누군가의 소유물이 아니더라도 자신에게 주어지지 않은 것은 어떤 것이든 함부로 취해서는 안 된다는 것이다. 출가자의 경우, 연못에 핀 연꽃의 향기를 맡는 것만으로도 향기를 훔친 자라 불렸다고 할 정도이니, 불교에서 자신의 소유물이 아닌 것을 취하는 행동이 얼마나 엄격히 경계되고 있는지 엿볼 수 있다.

남의 것을 탐내는 인간의 행위가 인류의 불행을 발생시킨 주범으로 묘사되는 경우가 많은 점은 흥미롭다. 잘 알려진 바와 같이 구약성서의 《창세기》에서는 에덴동산에 살던 아담과 이브가 신의 명령을 어기고 선악과라는 금단의 열매를 훔쳐 먹은 것으로부터 인간의 원죄가 시작되었다고 한다. 인도신화에서도 다른 사람의 소유였던 쌀을 훔친 것을 계기로 이 세상에 거짓말이 나타나고, 이어 그에 대한 형벌 등이 발생하게 되었다고 한다. 즉 도둑질을 인류 타락의 최초의 죄로 보고 있는 것이다. 경전에 따라 약간의 입장 차이는 있지만, 예를 들어 빨리 장부경전인 《기세인본경》 및 한역 《중아함경》 권39 등의 불교경전에서도 이 세상의 기원을 설명하는 과정에서 이와 유사한 견해를 보인다. 타인의 밭 혹은 쌀을 훔친 자가 나타난 것을 계기로 이어 이를 꾸짖는 행동이 나타나고, 나아가 다시는 훔치지 않겠다고 해 놓고 또 다시 훔침으로써 거짓말이, 그리고 결국 이를 벌하기 위해 범인에게 체형이나 사형을 내리는 징벌 등의 갖가지 악과 불선법이 발생하게 되었다고 기술한다.

그렇다면 자신의 것이 아닌 것을 취하는 행동은 어디로부터 나오는 것일까? 그것은 바로 인간의 탐욕과 이기심이다. 끝없이 자신의 욕망을 채우려는 욕심, 그리고 이를 위해서라면 다른 사람의 불행 같은 것은 안중에도 없는 이기적인 마음, 인간의 이런 왜곡된 마음 작용이 올바른 노력과 정당한 노동 없이 원하는 것을 슬쩍 손 안에 넣고 만족하는 어리석은 악행을 불러일으킨다고 볼 수 있다. 우리는 때로 자신의 이익을 위해 비리를 저지르면서까지 남의 것을 빼앗는다. 다른 사람이 억울하게 손해보고, 그로 인해 고통 받으리라는 생각은 잊은 채, 마치 이를 자신의 훌륭한 능력인 듯 착각하며 상대방의 무능력을 비웃는다. 인간의 이런 어리석음이 이 세상을 온갖 부정부패와 혼란으로 몰아가고 있다고 한다면 과언일까. 인간의 탐욕스럽고도 이기적인 행동은 인간 사회를 벗어나 널리 자연계에까지 미쳐 왔고, 우리는 이제 서서히 그 과보를 받고 있는 듯하다. 대자연속의 일부인 인간이 자연의 섭리를 무시한 채 자신들의 편의와 이익을 위해 마치 자신의 살을 갉아먹듯 환경을 파괴해 온 결과, 최근 곳곳에서 그 부작용이 발생하고 있다.

지금이야말로 불투도계의 적극적인 실천을 통해 우리가 속한 이 사회는 물론이거니와, 지구상의 모든 생물들이 그들의 행복한 삶을 착취당하지 않는 정의로운 세상으로 바꾸어가는 노력이 필요한 때가 아닐까 싶다. 불투도계는 자신에게 주어지지 않은 것은 결코 취하지 않겠다는 성실하고 정직한 마음을 기반으로, 나아가 적극적으로 남의 이익을 위해 노력하는 상태를 실현하는 것을 이상으로 한다. 자신의 소유물에 대한 집착으로부터 벗어나 이를 모든 생물의 행복을 위해 그들과 공유하고자 하는 보시의 마음을 잃지 않는 것, 이것이야말로 불투도계의 진정한 실천이자 우리 모두 행복해지는 길임을 잊어서는 안 될 것이다.

9. 불사음계(不邪婬戒)

불사음계는 잘못된 성욕 및 그 실천으로부터 떠나 이를 멀리할 것을 가르치는 계이다. 오계 가운데 세 번째이다. 성욕은 인간의 가장 기본적인 욕구의 하나이지만, 이를 절제하지 못한 채 끌려갈 경우, 돌이킬 수 없는 불행으로 빠져들게 된다. 우리가 날마다 접하는 경악할 만한 뉴스의 상당수가 불륜 등 남녀 간의 치정을 원인으로 하고 있다는 사실이 이를 증명해주고 있지 않은가.

불사음계라는 용어로부터 알 수 있듯이, 이 계가 경계하는 것은 사음이다. 사음이란 삿된 음행, 즉 자신의 배우자 이외의 사람과 성관계를 맺는 것을 말한다. 불교에서는 범행(梵行)이라 하여 음행을 떠난 생활이 매우 중시된다. 그래서 출가자의 경우에는 모든 성생활을 완전히 끊는 것이 요구되며, 적어도 초기불교의 입장에 의하면, 음행이란 어떤 경우에도 절대 용납되지 않는다. 음행을 한 출가자는 즉시 승가로부터 추방당하거나, 설사 금방 뉘우쳐 승가에 남는 것만은 허용되었다 하더라도 두 번 다시 정식 구성원으로서의 신분은 얻을 수 없다. 즉 가장 낮은 신분으로 다른 비구나 비구니에게 평생 봉사하며 살아가야 한다. 음행은 출가자에게 있어 가장 큰 죄 가운데 하나인 것이다. 그러나 재가자의 경우는 다르다. 이들은 가정을 꾸리고 재가 생활을 영위하는 사람들이므로 어느 정도의 성생활은 용인할 수밖에 없다. 그 중요한 허용 기준이 바로 부부이다. 음행 가운데서도 불교는 특히 배우자가 있는 사람들의 도리를 벗어난 성생활을 엄격히 금한다. 이것은 부부간의 정절이야말로 올바른 성 도덕의 실현을 위한 가장 기본적인 조건이라 이해하고 있기 때문일 것이다.

오계의 다른 항목들이 그러하듯이 이 불사음계 역시 사음을 멀리한다는 소극적인 의미에서만 머무는 것이 아닌, 평소에 행복한 부부 관계를 형성한다고 하는 적극적인 의미도 포함한다. 빨리어로 된 초기경전인 《앙굿따라니까야》나 《디가니까야》 등에 의하면, 부부가 서로 신뢰하고 진실한 마음을 건네며, 스스로 삼가고 올바른 생활을 하며, 서로 사랑이 담긴 말을 건넨다면 두 사람의 행복은 더욱 더 증장하고 평안한 행복이 찾아올 것이라고 한다. 그리고 그 구체적인 실천 사항으로서, 먼저 남편은 아내를 존경하고 경멸하지 않으며, 다른 여자와 사음하지 않고, 권위를 부여하며, 장식품을 제공해야 한다고 한다. 이 가운데 권위를 부여한다는 것은 집안일에 대해 부인에게 지배권을 주는 것으로, 일일이 잔소리하며 간섭하지 않는 것을 의미한다. 장식품을 제공한다는 것은 자신의 재력에 따라 장식품을 제공하는 것으로, 이것은 결코 사치나 낭비를 권장하는 것이 아닌, 자기 아내의 취향에 대해 세심한 관심으로 배려하라는 의미이다. 한편, 아내는 요리나 집안 정돈 등 가사를 잘 해내고, 권속을 잘 대우하며, 다른 남자와 사음하지 않고, 모은 재산을 보호하며, 해야 할 모든 일을 능숙하게 처리하고 근면해야 한다고 한다.

현대의 이상적인 부부상과 고대인도의 그것 사이에는 분명 차이가 있지만, 정절을 지키고 서로를 존중하며 자신의 역할에 최선을 다하는 것은 예나 지금이나 원만한 부부 생활을 위한 필수조건임에 틀림없다. 부부는 이 사회를 구성하는 기본 단위이다. 부부가 화합하며 올바르게 살아가는 모습은 그 자식들에게 있어 더할 나위 없는 훌륭한 교육이 되고, 이것은 다음 세대, 그리고 그 다음 세대를 이어가며 이 사회를 건전하게 이끌어 가는 든든한 기반이 된다. 개인의 윤리의식, 이것이야말로 이 사회의 윤리의식이자 이 사회의 미래인 것이다. 온갖 성범죄로 들끓는 현대사회, 이는 우리 모두의 책임이다. 지금이야말로 불사음계의 실천을 통해 신뢰와 믿음을 배반하지 않는 건강한 인간관계를 쌓아갈 때이다.

10. 불망어계(不妄語戒)

요즈음 지구촌은 떠들썩하다. 하루가 멀다 하고 일어나는 엽기적인 사건들……. 자식이 부모를 죽이고 부모가 자식을 죽이고, 또 남편이 아내를 죽이고 아내가 남편을 죽이는 사건들이 줄을 잇는다.

백년에 한 번 있어도 경악할 만한 이런 사건들이 세계 곳곳에서 빈발하고 있다. 그런데 이런 유형의 사건에는 하나의 공통점이 있다. 그것은 범인들이 밝히는 우발적인 범행 동기다.

범인들은 한결같이 '상대방이 ○○○ 하는 소리에 그만 확 화가 나서'라고 살해 동기를 밝힌다. 즉 말이 화근이 된 것이다. 물론 그 말이 튀어 나올 때까지는 여러 가지 복잡한 사정이 있었겠지만, 여하튼 방아쇠를 당긴 것은 상대방을 무시하고 깔보는 무심한 한 마디 말이었던 것이다.

우리는 육체적인 폭력에 관해서는 매우 민감하게 반응하면서 말로 인한 폭력에는 의외로 둔감할 때가 많다. 부처님께서는 "사람이 태어났을 때, 그 입 속에는 도끼가 생긴다. 어리석은 사람들은 악언(惡言)을 하며 그 도끼로 자신을 찍어 내린다."라고 하여, 혀가 자신을 파멸시키는 무서운 무기가 될 수 있음을 가르치고 계신다. 악한 말은 자신의 인생은 물론이거니와 때로는 다른 사람의 인생까지도 불행으로 몰아가는 무서운 흉기로 돌변할 수도 있다. 오계 가운데 네 번째인 불망어계는 올바르지 못한 말을 버리고 멀리할 것을 가르치는 계이다. 남을 속일 목적으로 하는 거짓말은 물론이거니와 이간질하는 말, 아첨하는 말, 흉보는 말, 깔보는 말, 거친 말, 헛된 말 등 진실하지 못한 모든 말을 포함한다. 다른 사람을 속여 자신의 이익을 챙기고, 이간질하여 사람들 사이를 갈라놓고, 거칠고 악한 말로 상대방의 마음에 상처를 주고, 잡담으로 시간을 낭비하는 등, 우리의 입은 진실과는 동떨어진 곳을 향해 달려갈 때가 많다. 그리고 이 말들은 반드시 부메랑이 되어 다시 돌아오곤 한다. 입 하나를 단속하지 못해 서로가 서로를 속이고 속이며, 또 상처주고 상처받으며 사는 어리석은 생활을 되풀이 하고 있다 해도 과언이 아닌 것이다.

그렇다면 진실한 말의 판단 근거는 무엇일까? 우선 거짓이 담기지 않은 사실에 근거한 말이어야 할 것이다. 그러나 사실이라고 다 진실한 말이라고 할 수 있을까?

예를 들어, 주위의 누군가가 중병에 걸렸다고 하자. 그 사람에게 진실을 말한다며 '큰 병에 걸렸다는군요. 난치병이라 앞으로 얼마 살지 못한답니다'라고 한다면, 갑자기 이 말을 들은 사람은 아마 충격으로 더 병이 악화될 것이다. 그렇다고

'감기라네요. 약 먹고 쉬면 금방 나을 거래요'라고 한다면 치료 시기만 놓치게 할 뿐이다. 이런 상황에 대해《무외왕자경》에서는 다음과 같은 가르침을 주고 있다. "인격이 완성된 사람은 설사 진실이라도 상대방을 위해 이익이 되지 않는다면 말하지 않는다. 그러나 진실하며 게다가 상대방을 위해 도움이 되는 것이라면 설사 상대가 불쾌하게 여긴다 하더라도 그것을 말할 수 있다." 즉 상대방에게 이익이 되는 말을 하는 것이 중요하며, 이를 위해 때로는 비난을 감수하는 용기도 필요하다는 것이다.

계의 바탕에 깔려 있는 기본정신은 다른 생물에 대한 자비와 연민이다. 다른 생물이 정신적으로든 육체적으로든 상처받지 않도록 배려하는 마음으로 그들에게 이익을 가져다주는 행동을 하는 것, 그리고 이를 통해 자기 자신의 인격을 완성해 가는 길이다. 내 입에서 나온 말이 상대방의 삶에 도움을 주고 평화로움을 안겨 주는 약이 될 것인지, 아니면 돌이킬 수 없는 깊은 상처와 고통을 주는 독이 될 것인지, 지혜로운 마음으로 한번 되돌아 볼 필요가 있을 것이다.

11. 불음주계(不飮酒戒)

술을 마시는 행위로부터 떠나고 이를 멀리 할 것을 가르치는 불음주계는 오계 가운데 마지막에 놓여 있다. 즉 불살생계, 불투도계, 불사음계, 불망어계, 불음주계이다. 그런데 음주는 앞의 네 계가 대상으로 하는 행동과는 그 성격이 약간 다르다. 왜냐하면, 살생이나 도둑질, 사음, 거짓말은 그 자체가 악행이자 죄이다. 그러므로 이들은 실죄(實罪), 혹은 성죄(性罪)라 불린다. 하지만, 음주는 그 자체가 죄가 되는 것은 아니다. 단, 모든 죄의 원인이 될 수 있다. 따라서 다른 죄를 저지르는 것을 미연에 방지할 수 있다는 의미에서 차죄(遮罪)라고 한다. 음주가 오계 속에 포함되는 이유는 바로 술을 마심으로써 다른 죄를 짓게 될 가능성이 매우 높아진다는 점 때문인 것이다.

《대비바사론》에는 다음과 같은 이야기가 전해진다. 어느 마을에 덕망 높고 모든 사람들로부터 존경받는 우바새가 있었다. 그런데 어느 날 술에 취해, 그만 옆집에서 날아든 닭을 잡아 술김에 안주로 삶아 먹어 버렸다. 마침 그때 닭 주인인 옆집 여자가 닭을 찾으러 왔다. 이 우바새는 닭 같은 것은 본적도 없다며 그 여자를 돌려보냈는데, 돌아서 가는 그 뒷모습이 어찌나 예뻐 보이던지 그만 이성을 잃고 여자를 강간하고 말았다. 결국 화가 난 옆집 남자가 그를 관가로 끌고 갔지만, 그 우바새는 자신의 죄를 인정하지 않았다고 한다. 평소 존경받던 사람이 술로 인해 살생과 도둑질, 사음, 거짓말이라는 중죄를 한꺼번에 저지르고 스스로 파멸의 길을 걷게 된 것이다. 다소 극단적인 내용이기는 하지만, 술이 불러일으킬 수 있는 무시무시한 결과를 적나라하게 보여주는 이야기이다.

《디가니까야》라는 경전에서는 술을 마셔서는 안 되는 이유로, 첫째, 현존하는 재산에 손실이 있다. 둘째, 싸움이 늘어난다. 셋째, 질병을 일으킨다. 넷째, 나쁜 평판을 일으킨다. 다섯째, 음부를 노출한다. 여섯째, 지혜의 힘을 약하게 한다고 하는 여섯 가지를 든다. 이것은 우리 주변에서 발생하는 유감스러운 상황들을 통해서도 여지없이 확인할 수 있다. 마셔라 부어라 하며 술값으로 날리다 보니 모아 둔 재산 없고, 술김에 목청 높여 다투다 보니 인간관계 나빠지고, 간과 위장은 술에 찌들어 신음하고, 술 마시고 부린 갖가지 추태가 그 다음 날이면 소문이 되어 사람들의 입에 오르내리니 얼굴 들고 다니기 창피하고, 때로는 술김에 맺은 부적절한 관계로 발목 잡혀 마음 졸이고, 또 잘못된 판단으로 뒤에 감당하지도 못할 약속을 하기도 하고, 심지어는 자만하며 운전대 잡았다가 영원히 이 세상으로부터 자취를 감추게 되는 일도 있다. 역시 술은 모든 불행의 원인이 될 수 있는 것이다.

많은 사람들은 음주가 가져다 줄 이와 같은 불이익을 인정하지만, 또 한편으로는 자신은 과음하지 않기 때문에 이러한 불상사로부터 예외라고 생각한다. 그리고 음주의 이익을 늘어놓으며, 예를 들어 혈액순환에 좋다거나, 원만한 인간관계를 위해 필요하다거나, 혹은 스트레스를 풀어주고 심신을 완화시켜주는데 좋다거나 등 그 필요성까지 강조한다. 그러나 과연 이런 것들이 음주를 통해서만 가능한 것일까? 분명 알코올은 혈액순환에 도움이 되지만, 그것은 불과 3시간 정도의 효과라고 한다. 그리고 이는 중독성을 동반하는 것이므로 결과적으로 몸에 해롭다. 또 술이 스트레스를 풀어준다고 하지만, 이는 잠시 심신을 마비시켜 둔감하게 해 주는 것에 불과하다. 게다가 술을 마시며 몽롱한 기분에서 쌓은 인간관계가 어찌 신뢰할 만한 것이 될 수 있겠는가. 맑은 정신을 방해하는 술은 언제라도 악마의 본성을 드러낼 수 있다. 불음주계의 수지를 통해 알코올에 의존하지 않고 상쾌한 심신을 유지하며 맑게 살아가는 자신만의 방법을 찾아보자.

12. 재가불자의 포살

불교교단에는 포살(布薩, uposatha)이라 불리는 것이 있다. 이것은 출가자에게 적용될 때는 승가의 화합과 청정을 위해 보름 마다 한 번씩 실행하는 중요한 의식을 가리키지만, 재가자의 경우에는 청정한 생활을 보내야 할 재일(齋日)의 의미를 지닌다. 재가불자의 포살일은 한 달에 6일, 즉 8, 14, 15, 23, 29, 30일이 기본이지만, 강제성은 없다. 출가자의 포살과 달리 재가불자의 경우에는 오로지 본인의 자발적인 의지가 중요하기 때문에 한 달에 6일 모두 실천하지 않아도 무관하며, 또 할 수만 있다면 매일 해도 좋다고 한다. 재가불자에게 있어 포살일은 일종의 정진일이다. 재가불자의 경우, 평소 가업에 쫓겨 불도 수행에 전념하기도 어렵고 또 계를 지키는 것도 생각처럼 쉽지 않은 것이 현실이다. 따라서 한 달에 며칠만이라도 정해진 날에 자신의 심신을 돌아보며 의식적으로 경건한 하루를 보내고자 하는 것이다.

포살일이 되면 재가불자는 몸을 정결히 하고 절에 가서 스님으로부터 팔재계(八齋戒)라 불리는 8종의 계를 받아 지키며 경건한 하루를 보내거나, 혹은 명상을 실천하거나 설법을 들으며 선법(善法)을 증장하고 불선법(不善法)을 청정히 하는 것이 가장 바람직하지만, 때로 절에 가기 어려운 경우에는 스스로 마음속으로 다짐하며 이런 것들을 실천해도 좋다고 한다. 재가불자의 포살은 부처님 당시 바라문교의 종교 행사 가운데 하나였던 우빠와사타(upavasatha)의 영향을 많이 받고 있다. 우빠와사타란 소마제(Soma祭), 즉 신월제(新月祭)와 만월제(滿月祭)라 해서 신월과 만월의 날에 재가자들이 선조들을 위해 거행하던 공양제의 전날 철야하는 것을 일컫는 말인데, 이때가 되면 수행자들은 물론이거니와 일반 재가자들도 몸과 마음을 정결히 하고, 고기와 같은 일부의 음식물이나 육체적 욕망 등을 자제하며 엄숙하게 지냈다. 또 이 날은 종교인들을 찾아가 가르침을 듣는 날이기도 했다. 《사문과경》에 의하면, 아사세왕은 보름달이 휘영청 뜬 포살일에 어느 종교가를 찾아 가서 가르침을 들을까 고민하다 결국 부처님을 찾아가 가르침을 듣고 불교에 귀의하게 되었다고 한다. 둥그런 보름달 아래 옹기종기 모여 앉아 부처님으로부터 가르침을 듣는 재가불자들의 모습이 눈에 선하다.

재가자의 포살은 현재 우리나라를 비롯한 동아시아의 불교국가에서는 제대로 실행되고 있지 않지만, 초기불교의 전통을 잘 계승하고 있는 스리랑카의 경우, 출가자의 포살보다 오히려 한 달에 네 번 있는 재가신자들의 포살이 보다 활발하게 이루어지고 있다. 스리랑카에서는 포살일을 포야 데이(Pôya day)라고 하는데, 특히 만월에 이루어지는 포야 데이를 가장 중요하게 여겨 이 날은 휴일로 정해져 있다. 포야 데이는 재가불자들에게 있어서는 더할 나위없는 중요한 정진일이다. 특히 만월의 날이 되면 아침 6시경부터 마을 사람들이 사원에 모여 팔재계를 받고, 강당에서 정좌한 채 명상을 하거나, 법을 듣거나, 불전에 공양을 반복하며 때로는 12시간, 많게는 24시간에 걸쳐 지계의 하루를 보낸다고 한다. 우리나라의 경우, 공식적인 불교국가는 아니므로 현실적으로 포살일을 휴일로 정하거나 또 직장을 쉬면서까지 실천할 수는 없지만, 포살이 갖는 의미를 되새기며 적어도 한 달에 며칠만이라도 8종의 재계를 지키고 스님들의 설법을 들으며 경건한 하루를 보내는 것은 가능할 것이다.

포살을 통해 한 점 부끄럼 없이 청정한 모습으로 거듭난 화합 승가, 그리고 경건한 포살일을 보내며 정결한 심신을 갖춘 재가불자들, 이 양자가 한 자리에 모여 부처님의 가르침을 주고받으며 불도 수행에 힘쓰는 모습이 한국불교교단에서도 실현된다면 이 얼마나 아름다운 정경이 될 것인가.

13. 팔재계(八齋戒)

재가불자가 지켜야 할 계로는 오계가 널리 알려져 있지만, 포살일에는 특히 팔재계의 수지가 권장된다.

팔재계란 불살생, 불투도, 불비범행(不非梵行), 불망어, 불음주, 불비시식(不非時食), 불가무관청도식만향(不歌舞觀聽塗飾鬘香), 불좌고상대상(不坐高床大床)의 여덟 가지 계를 말하며, 팔계(八戒), 팔관재계(八關齋戒), 혹은 포살계(布薩戒)라고도 부른다.

팔재계 가운데 첫 번째 불살생계로부터 다섯 번째 불음주계까지는 오계의 내용과 거의 동일하지만, 불비범행계가 부부관계조차 떠난 완전한 금욕 생활을 의미한다는 점에서 오계의 불사음계와 차이가 난다는 점에 주의해야 한다. 이 외의 네 계는 오계의 그것과 같다. 한편, 불비시식계는 비시(非時), 즉 그날 정오부터 다음 날 해 뜰 때까지 식사하지 않는 것을 가리킨다. 식사는 오전 중에 한 번만 해야 하며, 이 외의 시간에는 물이나 주스 등 건더기가 없는 음료수 외에는 먹어서는 안 된다. 불가무관청도식만향계는 무용이나 음악·노래 등을 보거나 듣거나, 또 꽃이나 향으로 분장하고 장신구로 치장하지 않는 것을 말하며, 불좌고상대상계는 너무 크고 호화스러운 침대나 침대 매트 등은 사용하지 않는 것을 말한다.

오전 중에 한 번의 식사만을 권하는 가장 큰 이유는 건강상의 문제다. 부처님께서는 하루에 한 끼만 드셨는데 몸이 가벼워 항상 안락함을 느끼셨다고 한다. 또 하루 세 끼를 다 챙겨 먹다보면 정신적으로나 육체적으로 산란해져 수행에 전념할 수 없으므로 오전 중에 한 번의 식사로 끝내고 나머지 시간은 명상이나 설법을 즐기며 경건하게 보내라는 의도도 담겨 있다. 무용이나 음악, 향료 등을 즐겨서는 안 되는 이유는, 수행에는 마음의 평정이 무엇보다 중요한데 이것들은 시각이나 청각, 후각기관 등을 통해 사람의 감정을 동요시키기 때문이다. 너무 크고 호화스러운 침대나 침대 매트가 거론되는 것은 이런 것들을 사용함으로써 몸이 편해지고자 하는 욕구나 그에 대한 집착 등이 생겨나기 때문이다.

그렇다면, 오계가 있음에도 불구하고 따로 포살일에 팔재계를 지켜야 하는 이유는 무엇일까? 그것은 평소 생업 등으로 수행에 전념할 수 없는 재가불자가 포살일 만이라도 수행자의 청정한 삶을 본 받아 실천함으로써 하루 빨리 깨달음의 세계로 다가갈 수 있도록 하기 위해서이다. 《불설우바이타사가경》에 의하면, 부처님께서는 타사가라는 우바이에게 다음과 같은 가르침을 주신다.

“포살일 아침이 되면 집안사람들에게 이렇게 말해라. ‘오늘은 집안에서 아무도 술을 마시지 말고 싸우지 말며 재물 이야기를 하지 마라. 집안사람들은 생각하고 말할 때 존경할 만한 수행자처럼 해라. 존경할 만한 수행자는 살생할 생각이 없나니, 포살일에 계를 지니는 것도 그분처럼 해야 한다. 살생할 뜻이 없고 때릴 생각도 없으며, 축생이나 곤충들을 사랑하고 살려 주기를 항상 존경할 만한 수행자처럼 해라. 이것이 하나의 계이다. 오늘은 밤에 살생할 생각을 가졌어도 죽이지 못하게 해라.’ 이렇게 마음을 가지는 것이 부처님의 첫째 계율이니라.”

이것은 불살생계에 관한 가르침인데 다른 일곱 가지 계에 대해서도 동일한 취지의 설법이 이루어진다. 마치 머리에 때가 있는 사람이 머리를 감은 후 느끼는 상쾌함처럼 팔재계를 지킨 다음 날은 청정해진 심신을 느낄 수 있게 되며, 불도를 추구하는 마음이 강해진다고 한다.

한 달에 단 하루만이라도 팔재계를 실천하며 심신을 가다듬어 보자. 아니 가능하다면 좀 더 자주 실천해 보자. 분명 몸과 마음이 청정해지고 평정을 되찾으면서 자신의 일상생활은 물론이거니와, 불도 수행에 대한 욕구나 그 실천 역시 굳건해질 것이다.

14. 십선계(十善戒)

오계, 팔재계와 함께 재가불자가 반드시 지켜야 할 계에 십선계(十善戒)라는 것이 있다. 십선계는 대승불교에서는 보살의 실천행으로서 매우 중시되지만, 원래 초기불교에서는 계라는 이름으로 불리지 않았다. 십선업도라 하여 선한 열 가지 행동 기준, 말하자면 선과 악의 판단 기준이었다. 십선에 합치하는 행동은 선이지만, 이에 반하는 행동인 십악업도(十惡業道)는 악인 것이다. 이를 업도라 표현한 것은 이 10가지 행동은 업이 되어 반드시 그 결과를 남긴다고 여겼기 때문이다. 이 행동들과 무관한 행위는 결코 업이 되지 않으며 따라서 그 결과 또한 남기지 않는다. 즉 선악의 판단이 가능한 행위만이 그 결과를 남겨 행위자에게 적절한 과보를 안겨 주는데, 그 기준이 바로 십선 혹은 십악인 것이다.

십선계는 몸에 관한 계 3종, 입에 관한 계 4종, 마음에 관한 계 3종으로 구성된다. 몸에 관한 계는 오계나 팔재계의 내용과 동일하다. 즉 생명을 빼앗는 것, 자신에게 주어지지 않은 것을 취하는 것, 자신의 배우자 이외의 사람과 부적절한 관계를 맺는 것으로부터 각각 떠나는 것이다. 한편, 입〔말〕에 관한 계는 매우 구체적으로 분류된다. 오계 가운데 하나인 불망어와 함께 불양설(不兩舌)·불악구(不惡口)·불기어(不綺語)의 3종이 추가된다. 불양설이란 이간질하는 말을 멀리하는 것이다. 이쪽에 와서는 이 말을 전하고 저쪽에 가서는 저 말을 전하며 양쪽을 다 헐뜯어 결국 친한 사이를 멀어지게 하는 것을 말한다. 불악구란 거친 말이나 욕설, 뽐내는 말 등을 멀리하는 것이다. 이런 말들을 사용하면 자기 자신은 물론이거니와, 주위에 있는 사람들 역시 귀에 거슬리고 불쾌해져 마음의 안정을 얻기 어렵게 만든다. 불기어란 꾸며대는 말을 멀리 하는 것이다. 진실하지 못한 말, 아첨하는 말, 실없는 말 등을 모두 가리키며, 칭찬해야 할 때 칭찬하지 않고, 비난해야 할 때 비난하지 않는 것도 포함된다. 입으로 짓는 악행이 자신과 남에게 미치는 영향은 생각보다 심각하지만, 사람들은 곧잘 그 사실을 잊고 산다. 그러나 말로 주고받는 상처는 몸으로 받는 상처 못지않게, 아니 때로는 그 보다 더 깊은 상처를 남길 수 있다. 재가자의 계인 십선계에서 이렇듯 말에 관한 규정이 상세한 것은, 날마다 많은 사람들을 만나며 사는 재가자들은 홀로 수행하며 말을 아끼는 수행자들에 비해 분명 입으로 악행을 지을 기회가 많기 때문일 것이다.

십선계의 또 하나의 특징은 마음, 즉 의지를 계의 직접적인 대상으로 삼고 있다는 점이다. 이것은 행동으로 나타나기 이전, 즉 마음속에서 올바르지 못한 감정을 품고 있는 단계이다. 마음에 관한 3종의 계란 무탐욕(無貪慾)·무진에(無瞋恚)·정견(正見)이다. 무탐욕이란 욕심 부리는 마음으로부터 떠나는 것을 말한다. 남의 재물을 엿보고 호시탐탐 내 것으로 만들 기회만을 노리며 탐심을 일으키거나 집착하지 않는 것이다. 설사 아무도 없는 곳에서 금은보화를 보더라도 자신의 것이 아니면 탐하는 마음을 일으켜서는 안 된다. 무진에란 성내거나 원한을 지니는 마음으로부터 떠나는 것이다. 항상 온화한 마음으로 생물을 사랑하고 어떤 경우에도 해심(害心)이나 원한을 갖지 않으며, 모든 생물이 안락하게 살아가기를 바라는 마음이다. 정견이란 인과응보나 연기의 도리를 잘 이해하고 불·법·승 삼보를 믿는 것을 말한다. '선과 악도 없고 그 과보도 없으며 이 세상도 저 세상도 없다.……'라고 생각하며 삿된 소견을 품는 것을 경계한다.

올바른 행동은 올바른 마음가짐으로부터 나올 수 있다. 밖으로 드러나는 행동만이 아닌, 신(身)·구(口)·의(意) 삼업에 걸친 청정을 설한다는 점에서 십선계는 매우 체계적인 가르침이라고 할 수 있다.

15. 계바라밀(戒波羅蜜)

길고 긴 불교의 역사에서 가장 놀랍고 획기적인 사건을 하나 들라면, 우리는 어떤 것을 들 수 있을까?

개개인에 따라 차이가 있겠지만, 아마도 대부분의 사람들은 대승불교의 흥기를 들지 않을까 싶다.

아라한이 되는 것을 최고의 목표로 오로지 자신의 해탈만을 위해 수행하는 성문(聲聞)이라 불리던 기존의 수행자들과는 달리, 모든 중생을 구제하고 한없는 이타를 실현할 수 있는 붓다, 즉 깨달은 자가 될 것을 목표로 하는 위대한 보살 이념을 많은 사람들의 마음속에 불러일으킨 사건이다.

석가모니 부처님께서 걸어오신 길을 밟으며 나 역시 그 분처럼 최고의 깨달음을 얻어 생로병사의 고통에서 신음하는 많은 중생들을 구제하겠다는 위대한 서원을 세운 보살들, 이들은 이후 헤아릴 수 없이 많은 윤회의 삶을 거치며 수행을 반복하게 되는데, 이때 이들의 주요 실천행이 바로 육바라밀(六波羅蜜)이다. 바라밀이란 빠라미따(pāramitā), 즉 저 언덕에 도달한 것, 다시 말해 그것을 실천함으로써 붓다가 된 바로 그 실천행을 의미한다.

육바라밀 가운데 가장 기초가 되는 것은 계바라밀이다. 계바라밀의 내용에는 오계나 팔재계 등 초기불교 이래 설해지던 계가 모두 포함되지만, 특히 십선계가 중요한 자리매김을 하고 있다.

초기불교에서는 선악의 판단 기준으로 취급되던 십선업도가 대승불교에 이르러서는 십선계라는 이름으로 왜 이토록 중요한 역할을 하게 되었는지 그 이유는 분명하지 않지만, 십선계의 내용에 마음에 관한 규정이 들어가 있다는 점은 주목할 만하다.

행동은 눈에 보이는 것이므로 어느 정도 조절이 가능하지만, 마음은 자신도 모르게 방심할 수 있다.

따라서 내부의 마음까지 계로서 구체적으로 규정함으로써 다소 형식주의로 흐를 수 있는 부분을 조절하고 보다 충실하게 계의 정신을 살리고 실천할 수 있게 한 것은 아닐까.

기존의 부파불교가 율의 조문에 사로잡혀 본질보다는 형식적인 실천에 매달리고 있었던 것에 대한 하나의 반동으로 이런 현상이 나타났을 것으로 생각된다.

계바라밀의 또 하나의 특징은 계의 실천이 자신의 완성만을 위한 것이 아닌, 다른 사람의 완성에까지 이르고 있다는 점이다.

이는 자신의 깨달음과 더불어 다른 사람의 구제에도 눈을 돌려야 한다는 대승불교의 정신을 잘 담고 있다. 즉 위로는 깨달음을 구하고 아래로는 중생을 구제한다는 '상구보리 하화중생(上求菩提 下化衆生)'이야말로 대승불교의 핵심사상이라고 볼 수 있다. 이것은 계의 실천에서도 여실히 드러난다.

《소품반야경》에서는 "아유월치 보살은 스스로 살생하지 않으며, 또 남으로 하여금 살생하게 하지 않는다.

스스로 도둑질하지 않고, 사음하지 않고, 거짓말하지 않고, 이간질하지 않고, 거친 말을 하지 않으며, 쓸데없는 말을 하지 않고, 탐욕을 갖지 않고, 성내지 않으며, 삿된 견해를 갖지 않고, 또 남으로 하여금 이들을 행하도록 하지 않는다.

이 열 가지 선한 길을 늘 스스로 행하고, 또 남으로 하여금 행하도록 해야 한다."고 십선계를 설명하고 있다.

자신뿐만 아닌 다른 사람에게도 선한 행위를 실천하도록 함으로써 그 사람 역시 하루 빨리 깨달음의 길로 나아갈 수 있도록 하라는 대승의 가르침, 이것이야말로 현대의 재가불자가 가슴에 새겨두어야 할 고귀한 정신이다.

16. 빨리 범망경
— 올바른 수행의 나침반

계를 주제로 한 몇몇 경전 가운데, 특히 《범망경(梵網經)》은 우리나라나 중국, 일본 등 동아시아 불교국가에 큰 영향을 준 경으로 꼽힌다. 이 경은 화엄경에 근거한 보살계위와 대승계에 관한 설명으로 이루어져 있는데, 대승계를 설한 후반 부분은 특히 대승교도들의 실천항목을 담은 것으로서 우리나라의 불교도들 사이에서도 중요한 위치를 차지해 왔다. 이 경은 인도 제작으로 구마라집(鳩摩羅什)이라는 스님에 의한 번역이라고 여겨져 왔지만, 근년의 연구에 의하면 5세기경에 중국에서 성립한 위경(僞經)인 듯하다.

그런데 《범망경》이라는 동일한 이름의 경이 초기경전 가운데도 존재한다. 우리나라에서는 《범망경》이라고 하면 일반적으로 대승 《범망경》을 떠올리지만, 빨리어로 된 초기경전, 즉 니까야(nikāya) 속에 《범망경》이라는 이름의 경이 있으며, 이 역시 계를 주제로 한다. 니까야는 삼장(三藏)의 하나인 경장(經藏)의 분류방법으로 경장은 5부 니까야, 즉 디가니까야(Dīgha-nikāya, 장부), 맛지마니까야(Majjhima-nikāya, 중부), 상윳따니까야(Saṁyutta-nikāya, 상응부), 앙굿따라니까야(Aṅguttara-nikāya, 증지부), 쿳다까니까야(Khuddaka-nikāya, 소부)의 다섯 부분으로 구성되어 있다. 이 가운데 디가니까야는 주로 긴 내용의 경전을 모아놓은 부분으로 3편 34경으로 이루어져 있으며, 3편이란 계온편(戒蘊篇), 대편(大篇), 빠띠까편(Pāthika篇)을 말한다. 그 이름으로부터 알 수 있듯이, 계온편이란 계에 관련된 경전들을 모아 놓은 부분으로 전부 13경으로 이루어져 있으며, 이 경들 가운데 첫 번째로《범망경(Brahmajāla-sutta)》이 등장한다.

이 경은 계, 즉 올바른 생활습관을 설하는 부분과 바라문교를 비롯한 당시의 사상계에서 주장되고 있던 아(我) 및 세계에 관한 철학적 62종의 견해(62견)를 소개하고 비판해가는 부분의 둘로 나뉜다.

이 가운데 계를 설하는 부분의 내용은 소계(小戒)·중계(中戒)·대계(大戒)의 셋으로 나뉘는데, 소계에서는 살아있는 생명을 죽이지 않는 것, 도둑질하지 않는 것, 이성과 음란한 행동을 하지 않는 것의 세 가지 청정한 신업(身業)과 거짓말을 하지 않는 것, 이간질하는 말을 하지 않는 것, 난폭한 말을 하지 않는 것, 쓸데없는 경박한 말을 하지 않는 것의 네 가지 청정한 어업(語業), 그리고 마지막 여덟 번째로 청정한 생활방법의 실천이 설해진다. 청정한 생활방법에는 종자류나 초목류를 해치지 않을 것, 하루 한번 식사하고 야식을 피하며, 춤이나 음악과 같은 오락을 보지 말며, 장식물을 멀리하는 등 사치스러운 생활로부터 벗어날 것, 그리고 뇌물이나 사기, 약탈, 폭행과 같은 잘못된 행동을 멀리할 것을 가르친다.

소계는 수행의 초기단계에서 반드시 정화되어야 할 항목들로 수행의 첫 걸음의 위치에 해당하기 때문에 초범행계(初梵行戒)라고도 하며, 혹은 청정한 생활이 여덟 번째에 위치하기 때문에 활명제팔(活命第八)이라고도 한다.

중계는 소계 가운데 여덟 번째인 청정한 생활을 한층 상세히 설명한 것으로, 예를 들면 수행에 도움이 되지 않는 이야기들의 종류나 탐닉해서는 안 될 오락의 종류를 구체적으로 소개한다. 한편, 대계에는 출가자가 피해야 할 사악한 직업과 유희 등이 망라되어 있는데, 주로 당시 인도에서 행해지고 있던 여러 가지 주술이나 유희 등이 그 내용을 이룬다.

이 세 가지 계는 주로 출가자를 대상으로 한 가르침이지만, 오계나 팔재계와 같이 재가자와 관련된 것도 담고 있는 등 출가·재가를 막론하고 올바른 불도수행을 지향하는 사람이라면 누구에게나 적용될 수 있는 내용이라고 할 수 있다. 계의 정신을 이해하고 올바르게 실천하기 위해 반드시 한번 읽어볼 만한 경전이다.

17. 삼취정계(三聚淨戒)

대승불교의 중요한 특징 가운데 하나는 자리이타(自利利他)이다. 오로지 자신의 수행의 완성이라는 시점에서 계율의 실천을 설했던 일부 성문승들과는 달리, 대승교도들은 모든 중생을 이롭게 하고자 하는 적극적인 자비의 마음으로 계율을 실천할 것을 강조한다.

타인을 위한 활동 역시 자신의 수행 완성에 큰 도움이 된다는 입장이다. 삼취정계(三聚淨戒)는 이와 같은 대승의 정신을 잘 담고 있는 대표적인 대승계이다.

삼취정계란 섭율의계(攝律儀戒)와 섭선법계(攝善法戒), 그리고 섭중생계(攝衆生戒)를 가리킨다.

《유가사지론》 등에 의하면, 섭율의계는 부처님께서 정하신 계율을 지켜 악을 막는 것이다. 항상 자신의 몸과 마음을 돌아보고 허물이 없는 상태로 유지하는 것을 의미하는데, 구체적인 내용은 7중(衆)의 별해탈율의(別解脫律儀)이다. 즉 비구의 250계, 비구니의 348계, 정학녀의 육법, 사미와 사미니의 십계, 우바새와 우바이의 오계 및 팔재계를 가리킨다. 출가와 재가를 막론한 모든 불교도가 지켜야 할 계와 율이 다 포함되는 것이다.

대승보살 역시 계율의 철저한 실천으로 스스로의 몸과 마음을 올바른 상태로 유지하는 것이 기본적으로 필요하다. 이때 단지 조목의 문자에 얽매여 악을 막는 것에 머무는 것이 아닌, "모든 보살은 율의계에 머물러 항상 자신의 허물을 관찰하고 남의 잘못을 살피지 않는다. 흉포하여 계를 범하는 모든 중생들에게 무릇 해치는 마음이 없고 성내는 마음도 없다. 보살은 그들에게 최고의 법인 대비(大悲)를 품기 때문에 그 앞에서 깊은 연민의 마음으로 널리 이익 되게 하려는 마음을 일으킨다."고 하여, 적극적으로 중생을 이롭게 하고자 하는 마음으로 계율 실천에 임할 것을 강조한다.

섭선법계는 자진하여 선을 행하는 것으로, 율의계를 받은 후에는 최상의 깨달음을 위해 일상생활에서 몸과 입과 마음으로 선한 법을 실천해야 함을 의미한다. 예를 들어 몸과 재물에 집착하지 않는다거나, 파계의 원인과 번뇌를 제거하며, 분노와 원한의 마음을 제거하는 것 등이다.

섭중생계는 요익유정계(饒益有情戒)라고도 하는데, 대승계의 정점을 보여주는 가르침이다. 중생을 교화하고 그 이익을 위해 힘을 다하는 것으로, 예를 들어 은혜를 알고 보은하거나, 병든 이를 보살피고 도와주거나, 두려움에 떨고 있는 중생을 지키고, 가난한 중생들에게는 재보를 베풀어주는 등 적극적인 사회봉사활동이 모두 포함된다.

이와 같이 삼취정계는 소승계를 기반으로 하면서도 그 위에 섭선법계, 그리고 섭중생계라는 대승적 이타행을 부가하고 있다는 점에서 주목할 만한 가르침이다.

원효 스님은《보살계본사기》에서 해와 달을 비유삼아 삼취정계의 조화로운 실천을 강조한다. 즉 해는 더운 성품을 지니고 달은 찬 성품을 지니니, 만일 이 세상에 해만 있고 달이 없다면 모든 식물의 싹이 마르고 타버려 열매를 맺을 수 없을 것이며, 만일 달만 있고 해가 없다면 모든 식물의 싹은 곧 썩어버려 싹이 날 수 없다.

계 역시 이와 같아 만일 율의계와 섭선법계만을 지키고 섭중생계를 지니지 못한다면 이런 사람은 오직 자리행만을 닦을 뿐 남을 도와주는 이타행 곧 보살행이 없으므로 소승을 벗어나지 못해 최고의 깨달음이라는 풍부한 열매를 얻지 못할 것이며, 또 만일 섭중생계만을 지니고 섭율의계와 섭선법계를 지키지 못한다면, 이타행만을 하고 자아의 본성을 깨달아 체득하는 자리의 수행이 결여된 수행으로 인해 범부나 다를 바 없다는 것이다.

계율의 실천은 기본적으로 자기 자신의 완성을 목적으로 하지만, 여기서 만족하고 멈추어 버린다면 너무 공허하며, 또 진정한 완성이라고는 볼 수 없을 것이다.

또 자신의 심신 하나 제대로 다스리지 못하는 사람이 남을 돕겠다는 것도 어불성설이다.

양자의 적절한 조화가 기반이 된 계율의 실천, 이것이야말로 최상의 깨달음을 향한 길임에 틀림없다.

18. 우바새계경

대승계경 가운데 《우바새계경(優婆塞戒經)》이라는 경전이 있다. 전 7권 28품으로 구성된 이 경은 서기 426년 북량에서 오백여 명의 재가보살들의 요청으로 담무참(曇無讖)이 번역했다고 한다. 경명에 등장하는 우바새란 남성재가신자를 말한다. 즉 남성재가신자가 반드시 지켜야 할 계를 모아 놓은 경전인데, 설사 경전의 이름에서는 배제되었다 하더라도 여성재가신자도 대상으로 하는 재가불자 모두에게 적용되는 계경이라고 볼 수 있을 것이다.

내용은 발보리심이나 자비심, 발원, 육바라밀, 해탈 등 매우 다양하지만, 이들이 모두 올바른 재가생활을 위한 가르침으로 귀일한다는 점에서 대승계학의 정수를 보여준다.

이 경은 독자적인 대승경전은 아니며 아함경전인 《선생경(善生經)》이나 《육방예경(六方禮經)》을 대승화한 것이다. 따라서 오계나 팔재계 등과 같은 초기불교 이래 재가불자가 지켜야 할 계를 담고 있는 한편, 나아가 육중이십팔실의죄(六重二十八失意罪)라고 하여 이타행을 기반으로 한 대승보살의 계를 설하는 데 그 특징이 있다.

이 경의 각 품 말미에서 출가자는 세간을 초월하므로 청정한 생활이 어렵지 않으나, 재가자는 나쁜 인연에 얽매여 있으므로 매우 어렵다는 말을 반복하여, 번뇌 많은 재가생활에서 계를 지키는 것의 어려움과 이를 극복하고 올바른 생활을 하기 위해 필요한 길을 설한다. 그 대표적 가르침이 육중계(六重戒)와 이십팔경계(二十八輕戒)이다.

육중계는 여섯 가지 무거운 계로, 오계 가운데 불살생·불투도·불망어·불사음의 네 가지 계에 불설사중과(不說四衆過)와 불고주(不酤酒)의 두 가지를 더한 것이다. 불설사중과란 비구·비구니·우바새·우바이의 사중의 과실을 타인에게 말하지 않는 것이며, 불고주는 술을 팔지 않는 것이다.

한편, 이십팔경계는 부모나 스승에게 공양하는 것, 술을 마시지 않는 것, 병들어 고통 받는 자를 잘 보살피는 것, 구걸하는 자에게 베푸는 것, 사부대중이나 어른을 보면 일어나 맞이하며 문안하고 예배하는 것, 내가 저 사람보다 더 잘하며 저 사람은 나보다 못한다며 사부대중의 파계를 보고 교만한 마음을 일으키는 것, 한 달에 6일 동안 팔재계를 지키면서 삼보에게 공양하는 등 육재일을 잘 지키는 것, 사십 리 안에 법을 설하는 곳이 있으면 가서 듣는 것, 스님들께 보시된 물건은 받지 않는 것, 벌레 있는 물을 마시지 않는 것, 험난한 곳을 혼자 다니지 않는 것, 비구니 절에서 혼자 자지 않는 것, 재물을 위해 사람을 때리지 않는 것, 먹다 남은 음식을 사부대중에게 주지 않는 것, 고양이를 기르지 않는 것, 코끼리나 말·소·양 등의 짐승을 직접 기르지 않는 것, 예참의(禮懺衣)를 마련해 두는 것, 농사를 지을 때 논에 깨끗한 물을 대는 것, 사고 팔 때 말이나 저울을 고르게 하여 부정이 없게 하는 것, 올바른 때나 장소가 아닌 곳, 즉 침실이 아닌 곳이거나 낮 시간, 혹은 산전 산후에 음행을 하지 않는 것, 탈세하지 않는 것, 국법을 어기지 않는 것, 새로 수확한 음식은 삼보에게 먼저 공양하는 것, 스님이 설법하라고 허락하지 않은 경우에는 스스로 말하지 않는 것, 스님보다 앞서 가지 않는 것, 자신의 스님에게만 특별히 음식을 많이 주는 것이 아닌, 구별 없이 모든 스님들께 음식을 골고루 나눠드리는 것, 누에를 치지 않는 것, 길 가다가 병든 이를 보면 버리고 가지 않는 것이다.

몇 가지 이해하기 어려운 내용도 있지만, 전반적으로 교만한 마음을 버리고 자비심으로 상대방을 배려하고 보살피며, 스스로도 부끄럼 없는 절제되고 정직한 삶을 살 것을 가르치는 내용이다.

계의 실천이 자신의 내면은 물론이거니와 다른 사람과의 관계에까지 영향을 주는 사회윤리로서 자리 잡고 있음을 알 수 있다. 부단한 내면적 수행과 외부를 향한 자비로운 이타행은 이 시대를 살아가는 재가불자에게도 절실하게 요구되는 가르침이다.

제2부

律

율 이야기

1. 율장에 담긴 의미

"역사란 과거와 현재와의 끊임없는 대화이다." 영국의 저명한 역사학자 에드워드 헬릿 카(E. H. Car, 1892~1982)가 《역사란 무엇인가》라는 저서를 통해 한 말이다. 이 말은 과거와 현재, 그리고 미래가 명확한 시간적 구분 속에서 개별적으로 존재하는 것이 아닌, 연속적인 과정 속에서 돌고 도는 것임을 암시한다. 즉 현재를 거울삼아 과거를 통찰하고, 과거를 거울삼아 현재를 바라보며, 과거와 현재와의 끊임없는 대화를 통해 더 나은 미래를 창출하는 것, 이것이 바로 역사라는 뜻이다.

한편, 이 생각의 바탕에는 과거와 현재, 그리고 미래에 있어 인간의 삶이 크게 다르지 않다는 전제가 깔려있다고도 볼 수 있다. 문명의 발달 등으로 인한 생활상의 차이는 크다 하더라도, 인간의 기본적인 욕망을 바탕으로 발생하는 삶의 문제는 근본적으로 동일하다고 보는 것이다. 그러므로 우리는 보다 나은 현재와 미래를 위해 과거로 눈을 돌려 선인들의 삶 속에서 이루어진 실패와 좌절, 그리고 극복을 배울 필요가 있는 것이다.

불교경전 가운데도 과거로의 건설적인 여행을 도와주는 훌륭한 역사서가 있다. 바로 율장(律藏)이다. 율장은 출가수행자들이 지켜야 할 규칙을 모아놓은 일종의 법률서적인 성격을 지니는 특수한 문헌이다. 이런 내용상의 특수성, 그리고 전문용어의 난해함 때문에 율장은 다른 불교문헌에 비해 불교학계에서도 연구가 늦어졌고, 재가불자들에게도 그 내용이 알려질 기회는 적었다. 그러나 근년 율장 연구가 활발하게 이루어지면서, 이 문헌이 승가의 역사를 해명하는 최적의 자료라는 사실이 밝혀지고 있다. 그 이유는 교리를 다룬 문헌들과는 달리, 율장은 출가자들의 있는 그대로의 삶의 모습을 적나라하게 보여주기 때문이다. 각양각색의 사람들이 모여 공동체를 이루고 그 안에서 함께 살아가는 모습을 율장보다 더 진솔하게 전해주는 경전은 아마 없을 것이다.

율장은 굳이 비유하자면 신문과 같다. 온갖 사건 사고로 뒤덮여 인간 세상의 좋은 면, 나쁜 면을 모두 다 보여주는 신문처럼, 율장은 승가 공동체에서 일어나는 모든 일을 생생하게 전달하고 있다. 한 가지 다른 점이 있다면, 율장은 사건보고 수준에서 끝나는 신문과는 달리, 부처님께서 각 상황의 옳고 그름을 판단하여 두 번 다시 똑같은 상황이 발생하지 않도록 새로운 율 조목을 제정하는 형태를 취하고 있다는 점이다. 흔히 수범수제(隨犯隨制)라고 표현하는 것이 바로 이것이다. 이는 올바르지 못한 행동을 하는 출가자가 나타날 때마다 그 사건을 계기로 율 조목을 제정하는 것을 말한다. 이런 인연담과 율 조목을 모아 놓은 것이 바로 율장이다. 여기에는 출가자로서, 아니 출가자 이전의 한 인간으로서 갖가지 번뇌와 욕망에 휩싸여 방황하는 이들을 다듬고 다듬어 한 명의 훌륭한 인격체로 거듭나게 하고자 하는 부처님의 고뇌가 듬뿍 배어있다.

한국의 불교계에서는 율장을 금서(禁書) 취급하는 경향이 있다. 이는 아마도 율장의 인연담에 등장하는 내용이 너무나도 적나라하기 때문에 이를 읽은 재가불자가 신심을 잃게 되지 않을까 하는 우려 때문일 것이다. 그러나 이는 정말 아쉬운 현상이다. 이런 선입견 때문에 율장의 보석과도 같은 가르침이 빛을 발하지 못하고 묻히고 있다. 율장에는 한 인간으로서, 그러나 깨달음이라는 위대한 목표를 안고 정진하는 조금 특별한 사람들이 거치게 되는 온갖 시행착오가 진솔하게 그려져 있다. 그리고 부처님의 가르침을 통해 이를 올바르게 극복해 가는 삶의 지혜가 녹아있다. 율장은 현대의 우리들이 보다 나은 현재와 미래를 위해 반드시 돌아보아야 할 선인들의 삶을 있는 그대로 보여주는 훌륭한 역사서인 것이다. 율장은 딱딱한 법률서라는 잘못된 선입견을 없애고, 율장 속에 나타난 부처님의 가르침을 삶의 지혜로 승화시키는 기회로 삼아야 할 것이다.

2. 부동주
— 다양성의 인정을 통한 공존

한 세상 살다보면 이리저리 부딪히는 일이 많다. 부모 자식 간에도, 부부 간에도, 동료 간에도, 여하튼 사람과 사람 사이에는 늘 크고 작은 충돌이 있기 마련이다. 잠시 티격태격하다 웃으며 끝내면 다행이지만 때로는 대단한 승리자로 빛나지도 않을 싸움에 얼굴 붉히고 심장까지 벌렁거리며 대립하다 마음 상하곤 한다.

그런데 조금 시간이 지나 다시 생각해 보면, 그리 화낼 일이었나 싶을 때가 많다. 그저 상대방이 자신의 판단대로 움직여주지 않는다는 사실에 화가 났을 뿐이다. 상대방의 입장이나 배려 같은 것은 안중에도 없다. 내 잣대를 벗어나 제 멋대로 행동한다는 사실에 화가 난다. 어떻게든 내 틀 속에 맞추어 내 입맛대로 요리하고 싶은 것이다.

이런 이기적인 태도는 개인만의 문제가 아니다. 자신만이 옳다고 주장하며 온갖 횡포를 일삼는 국가나 정치 집단, 종교 집단 등이 이 지구상에는 얼마나 많던가.

율장을 들여다보면, 부처님 당시의 승가 역시 스님들 간의 충돌, 스님과 재가신자들 간의 충돌로 인해 크고 작은 불화가 끊이지 않았음을 알 수 있다. 대부분 부처님의 판단과 가르침으로 인해 곧 해결되곤 했지만, 가끔 부처님의 중재조차 효과를 발휘하지 못하는 심각한 경우도 있었다. 서로 격해질 대로 격해진 감정이 부처님의 말씀에 귀를 기울일 여유조차 앗아간 것이다.

이런 상황을 보여주는 대표적인 예가 율장 건도부《꼬삼비 건도》에 전해진다. 이 건도에 전해지는 사건은 데와닷따의 파승사건과 더불어, 부처님 당시 승가에서 발생했던 가장 유명한 승가분열사건이다. 데와닷따의 파승이 부처님과 일부 스님들 간의 대립이었다면, 꼬삼비 사건은 스님들 간의 대립이다.

꼬삼비라는 곳에 절이 하나 있었다. 이 절에서는 화장실에서 일을 본 후 물통에 물을 채워두는 것이 암묵의 규칙이었는데, 어느 날 이 절에 머무르고 있던 한 스님이 깜빡하고 그냥 나왔다. 생각해보면 참으로 사소한 일이다. 나중에 들어간 사람이 대신 채워줄 수도 있고, 아니면 지적받은 상황에서 참회하며 물을 채워두면 좋을 일이다. 그런데 복잡하게 일이 꼬여버렸다. 물을 채워두지 않고 나온 스님은 부처님의 가르침 중에서도 경(經)을 주로 공부하는 송경자(誦經者)였고, 이 행동을 문제 삼은 스님은 율을 공부하는 지율자(持律者), 즉 율사였던 것이다. 경이든 율이든 모두 부처님의 가르침이지만, 그 성향이 다른 탓일까 여하튼 양자는 팽팽하게 맞섰다. 사실

송경자의 입장에서 보면 화장실의 물 정도 채우지 않은 일이 뭐 그리 대단하겠는가 싶지만 율을 생명처럼 실천하는 율사의 입장에서 보면 반드시 짚고 넘어가야 할 잘못인 것이다.

결국 이런 저런 사정이 얽혀 율사 스님들을 주축으로 한 승가에서는 그 문제의 스님에게 거죄갈마(擧罪羯磨), 즉 죄를 물어 처벌하는 승가회의를 실행했고, 그 스님은 승가의 처벌에 반발하며 자신의 무죄를 호소했다. 그런데 사태가 커졌다. 평소 말썽이나 부리고 수행도 게을리 하는 육군비구와 같은 스님이었다면 주변으로부터 별 호응이 없었겠지만, 이 스님은 훌륭한 언행과 학식으로 인해 모두로부터 존경받던 분이었다. 결국 이 스님의 무죄를 주장하는 그룹과 유죄를 주장하는 그룹으로 승가는 분열했고, 날이 갈수록 그 대립은 치열해졌다.

사태의 심각함을 아셨던 까닭인지, 부처님께서는 여느 때와는 달리 명확한 판단을 피한 채 어느 누구의 손도 들어주지 않으셨다. 그리고 한 그룹씩 따로 불러다가, 만약 어떤 자의 행동이 무죄인지 유죄인지 명확히 결론이 나지 않을 경우에는 서로 상대방 스님들의 판단을 믿고 따르고자 하는 마음가짐을 지녀야 한다고 하시며, 이것이야말로 승가의 분열을 방지하고 서로 화합하며 살아가는 길이라고 가르치신다.

그러나 양쪽 스님들은 부처님의 말씀에도 아랑곳없이 서로 옳다 주장하며 싸움을 그칠 줄 몰랐다.

화장실의 물 사용을 둘러싸고 시작된 꼬삼비 스님들 간의 대립은 부처님의 중재에도 불구하고 좀처럼 해결의 기미를 보이지 않은 채 날이 갈수록 치열해졌다. 그 결과, 최악의 상황이 발생했다. 한쪽 그룹이 경계 밖으로 나가 개별적으로 포살(布薩)을 하고 승가회의를 하는 상황이 일어난 것이다. 한 절에서 한 솥밥을 먹던 스님들 간에 싸움이 벌어져 둘로 쪼개졌는데, 화합의 노력은커녕 함께 행동하지 않겠다며 한쪽 그룹이 독립해서 나가버린 것이다.

그런데 한 스님으로부터 이 사태를 전해들은 부처님의 대답은 기묘하다. 그것은 만약 그들이 따로 따로 포살을 하고 승가회의를 한다 하더라도 만약 그 회의진행 방식에 있어 문제가 없다면, 다시 말해 부처님께서 제정하신 방법에 따라 회의를 진행한다면, 그 승가회의는 유효하다는 것이었다. 그리고 그 이유로서 그들이 서로 부동주(不同住)라는 점을 거론하신다. 알듯 모를 듯, 참으로 알쏭달쏭한 말씀이다.

양쪽이 실행한 포살 및 승가회의를 인정한다는 것은 이 두 그룹의 독립을 인정한 것이나 다름없다. 지역적인 문제 등과 같은 피치 못할 사정으로 인해 나뉜 것도 아니고, 싸우고 싸우다 한쪽이 화합 불가능을 외치며 나와 버린 격인데, 어찌 이런 말씀을 하신 것일까?

상식적으로 여기서 기대해 볼 만한 가르침은 '그런 행동은 옳지 않느니라. 서로 화해하고 함께 승가회의를 실행해라'가 아닐까? 그런데 부처님께서는 부동주란 희한한 이름으로 이들의 행동을 여법한 것으로 인정해주고 계신 것이다. 도대체 부동주란 무엇일까?

부동주란 《사분율》 등의 한역율에서 사용되는 역어인데, 빨리어로는 나나상와사까(nānāsaṁvāsaka)라고 한다. 나나+상와사까이다. 상와사까란 동주(同住)라는 의미로 스님들이 함께 살며 포살이나 승가회의를 공동으로 실행하는 것을 말한다. 그리고 나나란 다르다는 의미이다. 즉 나나상와사까란 자신들과 다른 동주생활을 하는 스님들을 가리키는 말이다.

부처님께서는 두 그룹으로 나뉘어 따로 행동하게 된 꼬삼비의 스님들을 서로 나나상와사까, 즉 부동주라는 이름으로 표현함으로써 이들이 함께 생활하는 자들이 아니라는 구분을 지어 이들 서로의 독립을 용인하고, 나아가 이들이 설사 의견의 차이로 나눠질 수밖에 없었지만, 부처님의 가르침에 따라 올바르게 승가를 운영하는 한, 불교승려로서의 그들의 존재는 부정될 수 없음을 설하고 싶으셨던 것이다.

인간의 삶은 정해진 규칙대로만 살아지는 것이 아니다. 날마다 예기치도 못한 새로운 상황이 발생한다. 게다가 그 내용 또한 다양하다. 옳고 그름을 명확히 판단할 수 있는 경우도 있지만, 때로는 보는 시각에 따라 정반대의 판단을 내릴 수 있는 경우도 허다하다. 모두 다 법으로 정해둘 수도 없는 노릇이다. 의견이 대립할 경우, 서로 화합하고 이해하고 양보하라 하지만, 인간의 감정이라는 것이 어디 이성적으로만 움직이는 것인가. 제3자가 보면 아무 것도 아닌 일에 둘은 목숨 걸고 싸울 수 있는 것이 인간의 공통된 특성이다. 그리고 감정이 극에 달했을 때의 인간의 독단은 무서운 결과를 초래할 수도 있다. 《꼬삼비건도》에 등장하는 부동주는 바로 이와 같은 상황을 염두에 둔 것이라고 생각된다.

이 상황에서 일방적으로 누군가의 손을 들어준다고 문제가 본질적으로 해결되는 것은 아니다. 그렇다고 무조건 화합하라고 할 수도 없다. 이미 그 선은 넘어버린 것이다. 이때 피해야 할 상황은 극단적인 서로의 부정이다. 서로에 대한 분노가 도를 넘어, 서로의 존재 자체, 다시 말해 불교승려, 내지 인간으로서의 부정으로 발전할 수도 있는 것이다. 부동주의 개념은 자신과 다른 의견을 갖는 상대방의 존재를 인정함으로써 그들과 공존하는 길을 담은 놀랄 만한 가르침이다.

서로 대립하다 결국 경계 안과 밖에서 나뉘어 개별적으로 승가회의를 개최하는 극단적인 선택을 한 꼬삼비 스님들의 행동에 대해, 부처님께서는 그들이 올바른 방법으로 회의를 진행하는 한 문제될 것이 없다는 입장을 보이신다. 한편, 분열한 꼬삼비의 스님들은 함께 승가회의를 진행하지 않았기 때문에 심각한 의견 충돌은 피해갈 수 있었지만, 식당이나 길가에서 마주치면 여전히 큰 소리로 말다툼하고 심지어는 멱살을 잡기도 했다.

부처님께서는 다시 한 번 이들을 불러 타이르셨다. 그러자 그 중 한 스님은 "이 싸움은 저희들의 일이니, 부처님께서는 잠자코 계십시오."라며 오히려 부처님에게 설교했다. 실망하신 부처님께서는 "승가가 분열하고 있을 때, 범부들은 제각각 목소리를 내며 아무도 자신의 어리석음을 생각하지 않는다. 또한 다른 어떤 것도 고려하지 않는다. 마음은 혼란스럽고, 현자인 척 하며, 끝없이 서로 질책하며, 찢어질 듯 입을 크게 벌리고 떠들어대며, 인도되었다는 사실조차 모르는구나."라고 한탄하시며, 다른 마을로 떠나버리셨다.

그러자 이 사정을 전해들은 꼬삼비의 재가신자들은 꼬삼비 스님들이 참회하지 않는 한, 두 번 다시 그들에게 합장 인사를 하지 않을 것이며, 모든 보시도 끊어버리자고 약속하고 실행에 옮겼다. 결국 궁지에 몰린 꼬삼비 스님들은 부처님을 찾아뵙고 가르침을 청할 것을 결심한다.

부처님께서는 찾아 온 꼬삼비 스님들을 위해 일정한 간격을 두고 양쪽 스님들의 자리를 마련하도록 지시하셨다. 충돌을 막기 위해서였다. 그리고 옷이나 음식 등을 똑 같이 분배하도록 하셨다. 서로 의견의 차이로 싸우고 있지만, 불교승려라는 점에서 동등한 대우를 하고 있는 것이다.

그때 문제의 스님, 즉 화장실을 사용하고 물통에 물을 채워두지 않고 나왔던 그 스님에게 문득 참회의 마음이 일어났다. 승가에서 지금 일어나고 있는 모든 일이 자신 한 사람에게서 비롯되었다는 사실을 깨닫게 된 것이다.

그는 자기편에 서 주었던 많은 스님들에게 참회의 뜻을 밝히고, 대립하던 다른 그룹의 스님들과도 다시 화합할 것을 원하며 부처님께 가르침을 청했다. 그러자 부처님께서는 분열했던 승가의 재화합 방법으로 '화합포살'의 실행을 가르치신다.

원래 포살이란 보름에 한 번 동일한 경계 안의 모든 스님들이 전원 모여 바라제목차라 불리는 규율집을 낭송하며 그 동안의 행동을 돌아보고 참회하는 모임인데, 화합포살이란 이 정기적인 포살과는 달리 언제든지 분열한 승가가 재화합을 원할 경우 양쪽이 모여 바라제목차를 낭송하며 포살을 실행하는 것이다. 이렇게 해서 꼬삼비 스님들의 싸움은 종지부를 찍게 되었다.

사건의 계기는 화장실의 물 사용이라는 지극히 사소한 것이었지만, 한 번 어긋난 양쪽의 감정은 마른 산에 불붙듯 걷잡을 수 없이 타올라갔다. 이때 '화합'이라는 이름 하에 무리하게 양쪽의 의견을 조율하고자 한들 그것이 어찌 진정한 화합의 실현이 될 수 있겠는가.

부동주라는 이유를 들어 이들 사이의 적절한 거리를 허락하시고, 마지막까지 똑같이 대우하며 그들 스스로의 참회와 화합을 이끌어내신 부처님의 의도에 새삼 고개를 끄덕이게 된다. 현전(現前)승가라는 점 단위의 화합이 곧 사방(四方)승가라는 아름다운 선의 화합을 만들어 낸다는 사실을 이미 알고 계셨던 것이다.

우리의 삶에서도 부동주의 입장이 필요할 때가 있다. 살다가 누군가와의 사이에 충돌이 발생했다 싶으면, 한번 돌아보자. 내가 상대방과 나의 차이를 무시한 채 스스로의 판단이나 가치관 속에 상대방을 무리하게 짜 넣으려고 하는 것은 아닌지, 또 흑백논리로 모든 것을 결정지우고자 하고 있지는 않은지…….

어느 누구나 자신의 감정과 색깔을 가지고 살아간다. 이것을 서로 인정해 줄 수 있는 마음의 여유, 이것이야말로 지금 우리에게 꼭 필요한 덕목이다.

3. 화합의 기반은 감사와 배려

인간은 태어나는 순간부터 누구나 하나 이상의 공동체에 속하기 마련이다. 가족이라는 공동체의 일원으로 시작된 우리들의 삶은 성장과 더불어 자의든 타의든 이런저런 공동체에 포함되어, 이를 통해 다른 사람과 더불어 살아가는 방법을 터득하기도 하고, 또는 자신의 정체성을 확립해 가기도 한다.

세상에는 다종다양한 내용의 공동체가 존재하지만, 불교의 출가자들로 구성된 '승가공동체'는 특히 공동체생활의 진수를 보여준다. 구성원들의 공통점이라고는 깨달음이라는 위대한 목적을 달성하고자 하는 절실한 마음 하나 밖에 없다. 나이도 제각각이며, 세속에서 살아왔던 삶의 배경 또한 제각각이다. 피로 엮인 사이도 아니며, 특별한 이익이나 취미 활동을 위해 모인 사람들도 아니다. 그저 이런저런 삶을 살다 부처님의 법을 만나, 적극적으로 그 가르침에 따라 수행해 보겠노라 다짐하며 세속을 떠나 온 사람들이 모여 이루어진 것이 승가공동체인 것이다.

이 세상 많은 부부들의 삶을 보아도 알 수 있듯이, 인간은 둘만 모아 놓아도 하루가 멀다 하고 크고 작은 언쟁들이 오고 가기 마련이다. 하물며 때로는 수백 명이 함께 생활해야 하는 승가공동체의 내부 모습은 어떠하겠는가. 율장의 내용을 이루는 그 많은 규정들은 결국 이 승가공동체를 잘 운영하여 모든 구성원들이 출가의 목적을 달성할 수 있도록 최상의 조건을 갖추어 주는 것에 있다. 구성원들 사이에 싸움과 대립이 끊이지 않는다면 어찌 수행에 전념할 수 있겠는가. 또 어찌 그 공동체 자체가 존속할 수 있겠는가. 그래서인지 승가공동체의 최상의 이념은 화합이다.

부처님께서는 도처에서 만나는 출가제자들에게 꼭 던지는 질문이 있으셨으니, 즉 "너희들은 화합하여 서로 기뻐하며 싸우지 않고 우유와 물처럼 섞여 서로 자애로운 눈으로 바라보며 지내고 있느냐?"라는 것이었다.

이에 대해 제자들은 "스승이시여, 저는 이런 도반들과 함께 살 수 있다는 것이 제게 있어 큰 도움이 된다고 생각하고 있습니다. 그래서 저는 이들에게 음으로나 양으로나 언제나 자비로운 행동과 말과 생각을 실천합니다. 그리고 또 저는 제 자신의 마음을 버리고 항상 존자들의 마음으로 살고 있습니다. 스승이시여, 실로 저희들은 몸은 서로 다르지만, 마음은 하나라고 생각합니다."라고 대답하곤 했다.

서로를 격려하며 험난한 수행의 길을 함께 할 수 있는 도반이 있다는 사실, 그 사실 하나만으로도 상대방의 존재는 귀하고 감사하다. 그 길고 긴 윤회의 삶 속에서, 바로 이 삶, 그리고 바로 이 순간에 시선을 함께 하고 걸어갈 수 있는 동료가 있다는 것은 정말 기적 같은 일이다. 자신보다 나으면 나은 대로, 부족하면 부족한 대로 그는 내 자신의 삶에 영향을 주며 나를 발전시켜 줄 것이다. 이 보다 더 감사한 일이 어디 있겠는가.

다른 사람의 존재에 대한 감사는 곧 그에 대한 자비로운 말 한마디, 행동 하나, 마음 씀씀이로 나타나게 된다. 또한, 자신만이 옳다고 하는 식의 아집 역시 사라지고 상대방의 시선으로 세상을 바라보는 여유를 지니게 한다.

삶의 과정이나 마무리 단계에서 우리는 그 사람의 완성도를 과연 무엇으로 평가하게 되는 것일까? 그 사람의 고고함일까, 아니면 눈에 보이는 재산이나 권력일까? 아니다. 한 인간에 대한 진정한 평가는 그 사람이 얼마나 주변사람들을 배려하며 그들의 행복에 관심을 갖고 살았는가에 의해 정해진다. 그것이 가족이든, 아니면 이 사회이든, 나아가 이 지구상의 모든 존재들이든…….

함께 살아가며 부딪히는 시간들 속에서 우리는 하나하나 모든 인간의 존재 그 자체가 감사해야 할 소중한 선물이라는 사실을 깨달아 갈 것이다. 부처님께서 공동체 생활을 통해 출가자들에게 일깨워주고 싶으셨던 것도 바로 이런 것이 아니었을까 생각해 본다.

4. 자기 자신을 찾아라

부처님의 일대기를 전하는 몇 가지 불교문헌이 있는데, 그 가운데 율장 건도부 첫 장인 《대건도(大犍度)》는 초기불교교단의 성립과 발전을 보여주는 매우 중요한 자료이다. 싯다르타 태자가 보리수 밑에서 깨달음을 얻은 직후의 이야기부터 시작하여, 범천권청 이야기, 두 상인의 공양, 녹야원에서 만난 다섯 비구와 그들에 대한 초전법륜, 그리고 야사라는 청년과의 만남 등 다양한 사람들과의 만남을 통해 부처님의 존재와 그 가르침이 온 세상에 퍼져가는 과정이 생생하게 그려진다.

그 가운데 다음과 같은 흥미로운 이야기가 전해진다. 어느 날 부처님께서 바라나시로부터 우루벨라라는 곳을 향해 유행을 하고 계셨다. 잠시 유행을 멈추고 길을 벗어나 밀림 속으로 들어가신 부처님은 한 나무 밑으로 다가가 앉아 명상을 즐기셨다.

바로 그 무렵, 그 마을의 30명의 친구들이 각각 아내를 동반하고 그 밀림에서 놀고 있었다. 그런데 그 가운데 한 사람은 아내가 없었기 때문에 대신 창녀를 고용해서 데리고 와 놀고 있었다. 그들이 술과 가무에 빠져 정신없이 놀고 있는 사이, 그 창녀는 그들의 재물을 가지고 도망쳐 버렸다. 그는 친구들과 함께 혈안이 되어 그 창녀를 찾고자 온 밀림을 뒤지며 배회하고 있었다. 그러다가 우연히 부처님께서 나무 밑에 앉아 있는 것을 보게 되었다.

부처님을 발견한 그들은 다가가서 물었다.

"혹시 한 여자를 못 보셨습니까?"

"젊은이들이여, 무슨 일인가?"

"저희들은 각자 아내를 동반하고 숲속에서 놀고 있었는데, 그 중 한 친구가 아내가 없어 대신 창녀를 데리고 와서 놀고 있었습니다. 그런데 우리가 놀고 있는 사이 그 여자가 우리 재물을 모두 챙겨 도망쳐 버렸습니다. 그래서 지금 그녀를 찾아 밀림 속을 헤매고 있습니다."

그러자, 부처님께서 물으셨다.

"젊은이들이여, 당신들은 어떻게 생각합니까? 창녀를 찾는 것과 자기 자신을 찾는 것, 이 가운데 어느 쪽이 더 중요하다고 생각합니까?"

"자기 자신을 찾는 것이 더 중요하다고 생각합니다."

한창 노는 재미에 빠져 사는 젊은이들에게 있어 어찌 보면 코웃음 치며 넘어가 버릴 수도 있는 질문이건만, 이 젊은이들은 사뭇 진지하게 부처님에게 대답했다. 위대한 깨달음을 얻은 성자로부터 느껴지는 기운에 굴한 것일까, 아니면 그 만큼 당시의 젊은이들이 진리에 목말라하고 있었던 것일까?

여하튼 이들의 진지한 대답을 들으신 부처님께서는 그들에게 앉으라고 권하신 후 법을 설하셨다. 보시와 지계, 그리고 생천의 가르침을 설하신 후 여러 가지 욕망으로 인한 번뇌와 타락, 그리고 이로부터 벗어나는 방법 등을 자세히 가르치셨다. 아직 어떤 사견에도 사로잡혀 있지 않았던 이들은 마치 눈처럼 하얀 천에 들여진 물감이 잡티하나 없이 깨끗한 색감으로 빛나듯이, 그렇게 부처님의 말씀을 있는 그대로 받아들였고, 그 결과 깨달음을 얻었다고 한다.

온갖 욕망에 사로잡혀 정작 챙겨야 할 자기 자신은 상실한 채 살아가는 많은 이들을 향한 따끔한 일침이 담긴 에피소드이다.

자기 자신을 돌아보고 올바른 방향으로 제어해 가는 깨어있는 정신을 갖추지 못한 삶은 한 마디로 노예와 같은 삶이다. 무분별하게 재산이나 권력, 명예, 그리고 감각적인 쾌락에 빠져 그 자체에 집착하는 순간, 인간은 그 대가를 치루게 되기 마련이다. 다름 아닌, 바로 나라는 존재의 상실이다. 주인의 자리에 앉은 욕망은 자신의 노예가 된 인간을 마음대로 부린 후 인정사정없이 내동댕이칠 것이다.

인간이란 기본적으로 욕망을 안고 태어나 욕망과 함께 살아가는 존재이다. 따라서 욕망 그 자체를 완전히 부정할 수는 없다. 그러나 욕망에 사로잡혀 자기 자신까지 상실한 채 끌려가는 일은 없어야 한다. 욕망에 대한 잘못된 집착이야말로 우리를 끝없는 괴로움 속에서 신음하게 하는 주범이기 때문이다.

5. 잡담을 삼가라

부처님 당시에 육군비구(六群比丘)라 불리는 여섯 명의 스님들이 있었다. 이들은 항상 무리지어 다니며 온갖 악행을 일삼았다. 율장의 주인공들이라 해도 과언이 아닐 만큼, 대다수의 율 조문이 이 스님들의 악행을 계기로 제정되었다고 한다. 날마다 어찌나 기절초풍할 나쁜 짓만 하고 다니는지, 그러면서도 또 어찌나 반성은 잘 하는지, 밉다기보다는 오히려 어이없는 웃음을 자아내는 존재들이다. 아마 이들의 이런 묘한 캐릭터 때문에 이들이 율장 성립을 위해 인위적으로 만들어진 가상의 인물일 것이라고 주장하는 학자들도 있는 것 같다.

이 스님들은 출가는 했지만, 출가자로서의 위의라든가 수행은 먼 나라 얘기였다. 어떻게 하면 맛있는 음식을 보시 받을 수 있을까, 마을에 축제가 있다는데 살짝 가서 구경하다 오면 안 될까, 신경에 거슬리는 스님이 있는데 중상 모략하여 쫓아낼 좋은 방법은 없을까 등 이런 생각으로 늘 머리가 복잡했다. 그러니 모여 앉아 화제로 삼는 이야기도 당연히 그런 것들이 주를 이루었다. 이들은 밤낮으로 축생론(畜生論)을 늘어놓았다. 축생론이란 한 마디로 잡담을 의미한다. 예를 들면 왕이나 도적·정치인·군대에 대한 이야기, 무서운 이야기, 전쟁 이야기, 음식이나 옷·주거에 관한 이야기, 장식품이나 친척·차·여자·귀신 등에 대한 이야기로 수행에 전혀 도움이 되지 않는 무익한 이야기들을 가리킨다.

육군비구들의 이런 쓸데없는 수다로 주변의 스님들은 도무지 수행에 전념할 수 없었다. 게다가 목소리는 어찌나 큰지 그들이 있는 곳은 항상 시장처럼 시끌벅적했다. 이런 행동을 충고하는 스님들도 있었지만, 받아들여질리 없었다. 결국 참다못한 스님들이 부처님께 이 사실을 고했고, 부처님께서는 육군비구들을 불러다 꾸중하시며 축생론의 무익함을 설하셨다고 한다.

출가자의 경우는 수행을 통해 깨달음을 얻는 것이 궁극적인 목표이므로 사실상 이 목표에 직간접으로 도움을 주는 내용의 대화가 아니라면 거의 대부분 축생론, 즉 잡담이 된다. 그러나 재가자의 경우는 다르다. 만약 출가자가 돈 버는 방법을 화제로 삼는다면 그것은 축생론이지만, 가족을 부양하고 적극적으로 보시를 베풀며 살아가야 할 재가자의 경우는 재산 증식에 관한 대화 그 자체가 잡담이 되지는 않을 것이다. 또 그 사람의 직업에 따라 때로는 의식주나 장식품 등에 관한 이야기가 주를 이룰 수도 있다. 이와 같이 출가자와 재가자의 경우, 축생론의 내용은 달라진다.

중요한 것은 지금 자신의 입에서 흘러나오는 말들이 자신의 삶을 올바른 방향으로 이끌어주는 유익한 것인가, 아니면 그저 시간 때우기에 불과한 무익한 것인가 하는 점이다.

우리는 살면서 많은 말을 하게 된다. 성격에 따라 과묵한 사람과 수다스런 사람이 있지만, 그래도 대부분의 사람들은 입을 통해 많은 것을 표현하기 마련이다. 요즘 관심을 두고 있는 것을 비롯하여, 누군가에 대한 분노나 사랑, 때로는 과거에 대한 회상과 후회, 그리고 미래에 대한 설렘이나 근심 등 정말 많은 것을 화제로 누군가와 대화를 나눈다.

그런데 생각해 보면, 그 가운데 대부분은 돌아서며 공허함을 느끼곤 한다. 말로 스트레스를 풀기도 한다지만, 사실 그것은 일시적인 후련함일 뿐 자신의 인생을 근본적으로 변화시켜 주지는 못하는 것이다. 남에 대한 험담을 아무리 늘어놓아도 결국 변하는 것은 아무것도 없다. 자신만 초라하고 추해질 뿐이다. 세간에 떠도는 소문을 화제에 올리며 쑥덕거리는 것도 마찬가지다.

잡담에 익숙해진 입은 잡담을 즐긴다. 안타까운 것은 잡담을 즐기는 사람의 내면세계는 그만큼 흐트러져 있다는 사실이다. 안정된 정신 상태에서 자신과 주변을 바라볼 줄 아는 사람은 결코 자신의 입을 잡담으로 물들이지 않는다. 자기 자신이 주체가 되어 정신도 육체도 이끌어가기 때문이다.

6. 대망어(大妄語)

몇 해 전 세간을 떠들썩하게 했던 학력 위조사건을 비롯하여, 새로운 정부가 탄생할 때마다 인사 검증 과정에서 두드러지는 학력·경력 위조에 관한 보도를 바라보며, 많은 사람들이 자신을 과대 포장하여 자신의 노력 이상의 것을 덤으로 얻고 싶어 하는 잘못된 욕망에 빠져 살아가고 있다는 사실을 절감하게 된다.

학력 중시의 잘못된 사회 풍토라든가, 사람의 내면보다 외적인 조건에 더 쉽게 끌리는 일반적인 사회분위기가 더 문제라고 지적하는 사람들도 있지만, 의도적으로 자신의 경력을 속인다거나 혹은 사람들을 혼동 시켜 오해의 여지를 남기는 미묘한 표현을 사용하여 과장하려 하는 것은 그 사람의 마음이 이미 자신의 이익을 위해 거짓과 타협한 채 자신도 세상도 속이는 큰 거짓말을 하며 살고 있다는 점에서 그 책임을 자신 이외의 어떤 것으로도 전가하기 힘들 것이다. 거짓말을 하는 사람은 그 누구도 아닌 바로 자기 자신이기 때문이다.

이런 종류의 거짓말들이야말로 율장에서 말하는 대망어(大妄

語)에 비유될 수 있다. 대망어란 얻지도 않은 상인법(上人法), 즉 깨달음을 비롯하여 초자연적인 신통력 등을 얻었다고 자신의 현재 능력을 과장하여 속여 말하는 것을 일컫는다.

한편, 우리가 흔히 거짓말이라고 표현하는 것은 소망어(小妄語)라 불리며, 자신의 이익을 위해 혹은 습관적으로 하는 일상적인 거짓말·이간질·욕설 등 거짓되고 올바르지 못한 말이 모두 포함된다. 이런 거짓말은 바일제죄(波逸提罪)라 하여 몇 명의 스님 앞에서 참회를 함으로써 그 죄로부터 벗어나게 된다.

그런데 대망어는 다르다. 이 거짓말을 하게 되면, 바라이죄라 하여 승가 추방에 해당되는 중한 벌을 받게 된다. 한 마디로 용서받기 힘든 거짓말이다.

대망어에 관한 율 제정의 인연담은 다음과 같다. 부처님 당시, 왓지라는 나라에 몇 년째 심각한 흉년이 들었다. 사람들의 생활은 궁핍해졌고, 따라서 그곳에 머물고 있던 스님들도 먹을 것을 구하는 일이 어려워졌다. 그러자 그 스님들은 모여 앉아 재가신자들로부터 어떻게 하면 먹을 것을 보시 받을 수 있을까 궁리했다. 그러던 중 한 스님이 '우리 서로 상인법을 얻었다고 상대 스님을 칭찬해보면 어떻겠습니까? 이를 들은 재가신자들은 아마 도가 높은 스님에게 다투어 보시하고 싶어할 것입니다'라고 제안했다.

결국 이 제안이 받아들여져, 스님들은 재가신자들 앞에서 스스로 혹은 상대방에 대해 서로 초선, 제2선, 제3선, 제4선 내지 아라한과 등을 얻은 자라고 거짓 소문을 퍼뜨렸다. 재가신자들은 그 이야기를 철썩 같이 믿은 채, 자신들은 먹을 것이 없어 굶으면서도 그 스님들에게는 온갖 방법으로 음식을 마련하여 보시했다.

이 일을 전해 들으신 부처님께서는 설사 예리한 칼로 배가 찢겨지는 고통을 당하는 한이 있어도 자신의 배를 채우기 위해 재가신자들에게 상인법을 얻었다는 거짓말을 해서는 안 된다고 크게 꾸짖으시며, 거짓된 상인법을 설하는 것은 도적과 다름없는 행동이라고 하셨다.

대망어가 특히 엄격하게 금지되는 이유는, 자기가 일구어내지 못한 것을 마치 일구어낸 것처럼 거짓으로 포장하고, 이 거짓말을 통해 다른 많은 사람들을 속여 그들의 마음을 빼앗고, 또 그들의 존경과 지지를 기반으로 자신의 명성이나 이익을 쌓으려 했기 때문이다. 이런 종류의 거짓말은 자신의 올바른 길을 막을 뿐만 아니라 때로는 다른 사람까지 미혹에 빠뜨린다.

자신의 노력으로 얻지 않은 것을 거짓으로 내세워 도적의 마음으로 사소한 이익을 탐하기보다는, 부족함이 있는 그대로의 자신을 인정하고 더 나은 미래를 위해 노력할 수 있는 성실함을 잊지 말아야 한다. 이 성실함이야말로 자신을 올바른 길로 인도하여 언젠가 그 결실을 맺게 해 줄 것이기 때문이다.

7. 중도적 삶

한 때는 열심히 사는 것을 최고의 미덕이라 여기며 스스로를 다그치고 또 다그치며 살기도 했지만, 불혹의 나이에 접어들고 보니 열심히 사는 것보다는 제대로 사는 것에 더 관심이 가는 것 같다. 그리고 제대로 산다는 것은 의외로 적당히 산다는 것과 통한다는 사실에도 눈을 떠가고 있다. 양 극단으로의 치우침을 경계하는 중도(中道)의 가르침처럼, 인생 역시 지나치게 긴장하며 자신을 옭아매지도 않고, 또 그렇다고 너무 관대하게 자신을 방치하고 늘어지지도 않도록 할 때, 가장 무리 없는 충실한 삶이 실현되는 것 같다.

율장《피혁건도》에는 지나친 수행의 어리석음을 경계하는 다음과 같은 이야기가 전해진다. 부처님 당시 소나라는 스님이 있었다. 출가하기 전 그는 참빠라는 나라의 유명한 장자의 아들이었는데 어느 날 부처님의 가르침을 접하고는 모든 재산을 방기한 채 출가를 결심했다. 재가불자로서 살아가는 길도 있었지만, 철저한 불도 수행의 기반이 되는 청정한 범행의 실천을 위해서는 재가생활보다 출가자로서의 삶이 더 나을 것이라고 판단했기 때문이었다.

수행에 대해 남다른 정열을 가지고 있었던 소나 스님은 구족계를 받은 지 얼마 되지 않아 시타림(尸陀林)에 머무르며 수행을 했다. 시타림이란 시체를 버리는 장소로 한림(寒林)이라고도 하는데, 사람의 몸이 썩어가는 것을 보며 부정관이나 무상관 등의 관법을 수행하는 장소로 이용되곤 했다. 묘지에서는 곡성이 끊이지 않았고, 문드러져 썩어가는 시신의 냄새로 주변은 숨쉬기도 괴로울 정도이다. 게다가 그 냄새를 맡고 몰려든 새나 짐승들에 의해 죽은 자의 몸은 어느 새 흔적조차 없이 사라져 버린다.

이런 모습을 가까이서 생생하게 볼 수 있다는 점에서 시타림은 대표적인 수행 장소 가운데 하나로 꼽히지만, 사실 이제 막 출가한 새내기 스님으로서는 견디기 힘든 장소였음에 분명하다. 그러나 소나 스님은 시타림에서의 힘겨운 수행을 계속했다. 게다가 쉬는 시간도 없이 밤낮으로 정진하며 경행(經行)하다 보니 발에 상처가 나 경행처는 피로 얼룩져 마치 도살장처럼 변했다.

그러던 어느 날 소나 스님은 홀로 명상을 하며 이런 생각을 하게 되었다.

"나는 부처님의 제자로서 항상 열심히 정진하며 살고 있다. 그러나 나는 아직도 집착을 벗어나지 못했으며, 여러 가지 번뇌로 마음 역시 자유롭지 못하구나. 나의 속가에는 많은 재산과 보물이 넘쳐나니, 나는 그것들을 마음껏 쓸 수도 있으며, 또 그것들로 복을 지을 수도 있을 것이다. 차라리 속가로 돌아가 내 재보를 즐기며 복을 짓는 편이 나은 것은 아닐까?"

지나친 정진이 오히려 역효과를 내게 된 것이었다.

부처님은 이런 소나 스님의 마음을 아시고는, 그가 머물고 있는 곳으로 가셨다. 그리고는 물으셨다.

"소나야! 네가 속세에 있을 때 거문고를 잘 다루었다고 하던데 그것이 사실이더냐?"

"그렇습니다."

"어떠하더냐? 거문고 줄을 지나치게 팽팽하게 한 채 튕기면 그때 제대로 된 소리가 나더냐?"

"아닙니다."

"그렇다면 거문고 줄을 지나치게 느슨하게 한 채 튕기면 그때는 제대로 된 소리가 나더냐?"

"아닙니다."

"그럼 거문고 줄을 적당하게 맞추고 다룰 때는 어떠하더냐? 제대로 된 소리가 나더냐?"

"그렇습니다."

"소나야, 바로 이와 같은 이치니라. 정진 역시 너무 지나치면 마음에 동요나 불안만 가중시킬 뿐이며, 지나치게 여유를 부리며 집중하지 않는다면 그것은 곧 게으름이니라."

가장 적당한 상태로 조절된 거문고 줄이 가장 아름다운 소리를 낼 수 있는 것처럼 올바른 견해를 가지고 자신의 행동을 돌아볼 수 있는 지혜롭고 여유로운 마음과 함께 하지 못하는 일방적인 정진은 때로는 집착이 되어 스스로를 지배할 수 있다.

복잡다단한 현대인의 삶 속에서 적절한 긴장감과 편안함이 조화롭게 어우러진 최적의 상태로 인생을 조율하며 살아가는 노력이 필요할 것이다.

8. 초기 승가의 교육제도

세월이 변하면서 인간관계에도 많은 변화가 일어나고 있는 것 같다. 예전 같으면 자신을 키워준 부모에 대한 공양은 자식으로서 당연한 의무였지만, 이제는 물려줄 재산 없는 부모는 대접 받기 어려운 세상이 되었다. 이런 냉정한 계산은 스승과 제자라는 관계에서도 여지없이 일어나고 있다. 이제 스승은 더 이상 자신을 올바른 길로 인도해 주고 깨우쳐 주는 역할 만을 하는 존재가 아니다. 아니 그 보다 오히려 자신의 발판이 되어 자신의 앞날을 열어줄 능력을 소유한, 다시 말해 눈에 보이는 권력을 쥔 스승을 더 선호하는 세상이다.

약육강식의 비정한 세상에서 살아남기 위해서라면 있는 없는 모든 인맥을 동원해야 하는 현실을 고려할 때, 어찌 이 행동을 한 마디로 잘못이라 비난만 할 수 있겠는가마는, 이런 얄팍한 계산으로부터 이루어진 관계에서 어찌 진정한 사제 간의 만남을 기대해 볼 수 있겠는가.

불교계에서도 이제 스승은 더 이상 자신을 깨달음의 길로 이끌어주는 선지식은 아닌 것 같다. 어느 문중에서 아무개 스님을 은사로 출가, 득도했다는 것이 어디를 가든 큰 명함이 되어 그 사람의 배경이 되어주는 세상이다. 그러니 모두들 자신의 출가생활을 든든하게 지원해 줄 능력 있는 은사 스님과 인연을 맺기 위해 혈안이다.

어떤 스님 밑에는 지도할 수도 없을 만큼 제자가 되겠다는 사람이 넘쳐나고, 어떤 스님 밑에는 와 달라고 사정해도 안 온다. 설사 상황 파악 못하고 출가했다가도 은사를 바꾸겠다고 하는 세상이다. 은사 스님들 역시 자신들의 세를 과시하며 감당할 수도 없는 수의 제자들을 받아들이고 있다. 이런 현상이 잘못된 문중 의식을 기반으로 하나의 거대 권력을 형성하며 종단 부패의 최대 원인으로 등장한 것은 어제 오늘의 일이 아니다. 속세에서조차 있어서는 안 될 일들이, 삿된 욕심을 버리고 일불제자로서 수행에 전념해야 할 출가사회에서 일어나고 있는 것이다.

한국불교가 안고 있는 이런 병폐의 배경에는 여러 가지 역사적 요인이 직접적으로나 간접적으로 작용하고 있지만, 무엇보다 심각하게 고려되어야 할 점은 당사자들이 은사제도의 본뜻을 망각하고 있다는 사실이다.

율장 건도부에는 초기승가의 교육제도가 상세히 소개되어 있는데, 이를 보면 은사제도의 주된 목적은 신참 출가자의 교육이다. 신참 출가자의 교육을 맡은 스승으로는 화상(和尙)과 아사리(阿闍梨)라는 두 가지 명칭이 보이는데, 현재 은사라는 개념으로 사용되는 것은 화상에 가까운 듯하다. 화상은 후세에 이르러 주로 덕이 높은 스님을 가리키는 말로 사용되었지만, 율장에서는 출가에 뜻을 둔 재가자가 정식 절차를 밟아 출가세계로 발을 들여놓을 수 있도록 도와주고, 또 이후 그가 낯선 생활에 잘 적응하여 무리 없이 출가생활을 해 나갈 수 있도록 일정 기간 교육을 담당하는 스승을 가리킨다.

마치 부모가 자식을 돌보듯이, 화상은 자신의 제자가 어엿한 한 명의 출가자로 자리 잡을 때까지 출가생활에 필요한 모든 기본적인 지식을 비롯하여 물심양면으로 세심하게 지도하는 역할을 하게 된다. 그래서 화상과 제자의 관계는 단순한 사제 관계가 아닌 부모와 자식의 관계에 비유되곤 한다.

교육자인 화상이 갖추어야 할 조건은 상당히 까다로운 편이다. 먼저 법랍(法臘) 10년 이상이어야 하며, 높은 덕을 지니고 있는 자일 것, 계율을 철저히 지키는 자일 것, 지혜를 갖춘 자일 것, 학문과 수행에 있어 최고의 단계를 획득한 자일 것, 제자를 잘 돌볼 수 있는 자일 것 등 매우 많은 조건이 따른다. 이로 보아 화상은 소수의 존경받는 스님만이 오를 수 있는 지위였음을 알 수 있다. 신참스님들의 지도라는 막중한 역할을 담당한 만큼 주위로부터 존경받는 인품과 학식을 지닌 최고의 인격자가 선발되었던 것이다.

부처님 당시에 화상 제도, 즉 지금의 은사 제도가 아직 마련되지 않았을 때, 신참 출가자들의 모습은 엉망이었다. 삼의의 올바른 착용 방법도 몰랐으며, 출가자로서 지녀야 할 위의가 무엇인지도 몰랐다.

탁발을 하러 가서도 발우를 들이밀며 음식을 요구하는 등의 품위 없는 행동을 부끄러운 줄도 모르고 했고, 식당에서도 큰 소리로 시끄럽게 떠들며 먹곤 했다. 이를 본 재가신자들은 몹시 실망하여 그들의 행동을 비난했다.

이 소문을 들은 부처님께서는 이를 계기로 신참 출가자들이 승려로서의 위의를 갖출 수 있도록 지도하는 화상 제도를 마련하셨다고 한다.

화상의 역할은 출가 의식의 준비로부터 시작된다. 지금은 사미(니)로 출가하는 것이 기본이지만, 부처님 당시에는 사미(니)로 출가하는 경우도 있고, 또 비구(니)로 곧 바로 출가하는 경우도 있었다. 사미(니)로 출가할 경우에는 출가 생활에 필요한 기본적인 물건, 예를 들어 삼의일발이라 하여 출가 생활을 해 나가는데 있어 가장 기본적인 최소한의 소유물인 세 가지 옷과 탁발용 그릇을 갖추는 일을 비롯하여, 한 명의 새로운 사미가 태어났음을 다른 스님들에게 알리는 역할을 담당하게 된다.

비구(니)의 경우에는 구족계 의식이 이루어질 수 있도록 준비하는 역할, 그리고 그 구족계 의식에 삼사칠증(三師七證)의 한 명으로 참석하여 출가 희망자가 제대로 의식을 치룰 수 있게 도와주게 된다. 삼사칠증이란 3명의 스승과 7명의 증인을 말한다. 3명의 스승이란 화상과 구족계 의식을 맡아서 진행하는 역할을 하는 갈마 사회자, 그리고 차법(遮法), 즉 비구(니)가 되기 위해 갖추어야 할 조건을 제대로 갖추고 있는가를 심문하는 심문자의 세 스님을 가리키며, 7명의 증인이란 수계 의식에 참석하여 그 의식이 제대로 진행되었는지를 감독하며 그 의식의 유효성을 증명하는 스님들이다.

화상은 자신의 제자가 구족계를 받을 자격이 있다고 판단되면 자신을 제외한 나머지 9명의 스님들을 모아 구족계 의식을 거행할 준비를 하게 된다.

따라서 화상이 없으면 구족계 의식 자체가 이루어지지 못한다. 화상은 출가 희망자가 구족계 의식을 받을 수 있도록 모든 준비를 담당하며, 또한 구족계 의식에는 자신의 제자가 승려가 될 자격을 충분히 갖추고 있는 자라는 것을 약속하는 보증인과도 같은 자격으로 참석하게 되는 것이다.

이렇게 하여 사미나 비구가 탄생하게 되면, 화상은 사미가 된 자에게는 사미 기간 내내 일상생활에서 지켜야 할 예의범절이나 교리, 수행방법 등을 지도하며, 비구가 된 자에게는 최저 5년 동안 이와 같은 지도를 하게 되는데, 이것을 의지(依止)라고 한다. 이 의지 기간 동안 화상은 제자와 함께 거주하며 제자의 모든 행동을 하나에서 열까지 세심하게 지도해야 한다. 화상은 단지 제자를 교육시키는 역할 외에 제자가 병에 걸렸을 경우에는 간병인의 일도 해야 한다. 제자 역시 화상으로부터 교육을 받는 대신, 아침부터 밤까지 의식주 전반에 걸쳐 화상의 모든 시중을 들게 된다. 화상의 제자가 공주제자(共住弟子)라고 불리는 것으로부터도 알 수 있듯이, 이 양자는 항상 함께 생활하며 서로를 돌보아야 하는 관계이다.

이 의지 기간이 끝나게 되면 제자는 자립하게 되지만, 이 후에도 양자의 관계는 소멸하지 않는다. 한번 화상과 제자로서 인연을 맺은 이상 이들의 관계는 사라지지 않으며, 특별한 사정이 없는 한 영원히 지속된다고 할 수 있다.

한 사람의 화상이 담당하는 제자의 수는 한정되어 있지 않으나, 한 사람 한 사람에게 충분히 신경을 쓸 수 없을 정도로 많은 제자를 두는 것은 금지되어 있다. 그러나 제자의 경우에는 자신의 화상은 오로지 한 사람이다. 설사 화상이 죽거나 사라진다 하더라도 새로운 화상을 정할 수는 없다.

화상과 제자로서 한번 맺은 인연은 영원하다. 그런데 지도 기간인 5년의 의지 기간 사이에 화상이 환속하거나, 죽거나, 혹은 다른 종교로 개종하는 등의 사유로 지도를 받을 수 없게 되는 부득이한 경우도 있을 수 있다. 아직 충분한 교육을 받지 못한 상태에서 스승이 사라져 버렸으니, 제자의 입장에서는 참으로 난감한 일이다. 이럴 때는 어찌 해야 할까?

율장에서는 이런 경우를 대비하여 아사리(阿闍梨) 제도라는 또 하나의 교육 프로그램을 마련해 두고 있다. 아사리란 화상이 없어져 교육을 받을 수 없게 된 자를 화상 대신 교육시키는 스님을 일컫는다.

즉 교육 기간이 끝나기 전에 화상을 잃게 된 비구는 화상을 다시 정하는 것이 아니라 아사리가 되어 줄 스승을 찾아야만 한다. 이것을 의지(依止)아사리라고 한다. 이것이 초기승가에서 사용되고 있던 아사리에 관한 가장 기본적인 의미인데, 후대가 되면 아사리라는 용어의 사용 범위가 점차 확대되면서 다양한 직분에 아사리라는 말이 사용되게 되어, 의지아사리 외에도 출가(出家)아사리, 교수(教授)아사리, 갈마(羯磨)아사리, 수법(授法)아사리 등 다양한 역할을 담당하는 아사리가 등장하게 된다.

의지아사리는 화상이 없어졌을 경우에 그 대역을 담당하는 아사리이지만, 이 외의 아사리는 화상이 있는 경우에도 부분적인 필요에 의해 일시적으로 신세를 지며 일정 기간 동안 가르침을 받게 되는 스승이다. 예를 들어 갈마아사리는 수계 의식에서 일시적으로 사회를 맡아 주는 비구이며, 수법아사리는 화상이 제자의 교육에 필요하다고 생각하여 경이나 율의 전문가인 아사리에게 제자를 보내어 잠시 가르침을 받게 하는 경우이다.

아사리의 자격 요건도 화상과 거의 비슷하다. 단, 아사리는 역할에 따라 법랍 10년을 요구하는 경우도 있으며, 법랍 5년을 요구하는 경우도 있다.

화상과 마찬가지로 제자를 교육할 수 있는 충분한 능력을 갖추고 있는 인물이어야 한다.

화상의 제자를 공주제자라고 부르는 한편, 아사리의 제자는 근시자(近侍者)라고 한다.

아사리와 제자의 관계는 화상과 제자의 관계와 동일하다. 제자가 자신의 화상을 위하여 아침부터 밤까지 시중을 들고, 화상 또한 자신의 제자를 위하여 세심한 지도를 아끼지 않았듯이, 아사리와 제자의 관계도 이와 마찬가지이다. 단, 화상은 비구의 일생을 통하여 한 사람밖에 존재하지 않지만, 아사리는 일정한 목적을 위하여 잠시 곁에서 모시며 필요한 교육을 받는 스승이라는 점에서 이 두 교육자가 갖는 의미에 다소의 차이가 있다고 할 수 있다.

초기불교시대와는 달리 지금은 한꺼번에 많은 출가자들이 배출되고 있으며, 또 승려들의 교육 역시 강원이나 그 밖의 승려전문대학, 혹은 일반대학에서 전문적으로 이루어지고 있으므로 굳이 은사가 교육자의 역할을 할 필요는 없다고 생각할 지도 모른다.

그러나 은사는 마치 속세에서의 부모처럼 사랑과 애정을 주며 낯설고 어설픈 승가 생활에 하루 빨리 적응할 수 있도록 따뜻하게 교육하는 스승이다.

일반인이 학교 교육 외에 평상시 부모의 언행과 세심한 가르침을 통해 한 인간으로서의 윤리적 삶을 깨우쳐 나가듯이 출가자 역시 은사라는 스승을 통해 출가자로서 지향해야 할 진정한 삶을 배워나가게 되는 것이다.

서로가 서로를 비추어 주는 거울처럼 스승과 제자는 하나이다.

인격이 완성된 훌륭한 스승의 애정 어린 지도를 곁에서 받은 제자는 그 기억 하나 만으로도 결코 출가자로서의 본분을 망각하는 길로 접어들 수 없으며, 이는 곧 화합과 청정이 어우러진 승가공동체의 기반이 된다. 올바른 스승의 존재, 그리고 이들의 신참 출가자에 대한 진심 어린 교육이야말로 승가의 밝은 미래이다.

9. 자자(自恣)의 유래

승가의 대표적인 행사 가운데 자자(自恣)라는 것이 있다. 자자란 안거(安居)의 마지막 날, 안거를 함께 보낸 스님들이 전원 모여 3개월 동안의 율 위반을 서로 지적하며 참회하는 일종의 자기 반성회 같은 모임을 가리킨다. 우리나라에서는 우란분절, 혹은 백중이라는 말에 가려 일반인들에게는 다소 생소한 느낌일지도 모르지만, 승가에서는 매우 중요한 행사이다.

율장 《자자건도》에서는 자자 제정의 인연담을 다음과 같이 전한다. 부처님께서 사위성 근처에 있는 기수급 고독원에 머무르고 계실 때의 일이다. 안거철을 맞이한 스님들이 한 절에 모여 함께 생활하게 되었다. 대중 생활로부터 빚어질 갖가지 충돌과 불화를 염려한 스님들은 '어떻게 하면 우리들은 서로 화합하여 싸우는 일 없이 즐겁고 안락하게 안거를 보낼 수 있을까?'를 상의했다.

그 결과 내린 결론은 '우리들은 서로 얘기도 나누지 말고 안부도 묻지 말자. 마을에서 걸식을 끝내고 먼저 절로 돌아온 자는 묵묵히 자리나 발 씻을 물, 식기 등을 마련해 두자. 나중에 돌아오는 자는 묵묵히 이것들을 정리하여 제 자리에 두자. 물병이 비어있는 것을 보는 자는 묵묵히 채워두고, 만약 스스로 못할 사정이라면 손짓으로 다른 스님을 불러 역시 손짓으로 지시하여 채우게 하자. 그러면 굳이 말하지 않고도 생활할 수 있을 것이다. 이렇게 하면 우리들은 서로 충돌하는 일 없이 서로 화합하여 즐겁고 안락하게 안거를 보낼 수 있을 것이다.'라는 것이었다. 그리고는 우기 3개월 동안 이 방침에 따라 생활했다.

안거를 끝낸 후 이 스님들은 부처님이 계신 곳으로 모여들었다. 안거 후 부처님을 찾아 안부를 여쭙는 것은 당시의 관습이었다고 한다.

찾아온 이들에게 부처님께서는 물으셨다. "비구들아, 그래 너희들은 안거 기간 동안 서로 화합하며 별 어려움 없이 잘 지냈느냐?" 이미 다 알고 계셨지만, 그들에게 유익한 법문을 설하시기 위해 일부러 질문을 던지신 것이었다. 그러자 그들은 조금의 망설임도 없이 그렇다고 대답하며, 자신들이 화합을 지키기 위해 어떻게 생활했는지 그 간의 사정을 상세히 말씀드렸다.

이를 들은 부처님께서는 몹시 꾸짖으셨다. "이 어리석은 자들아, 너희들은 안락하게 살지 못했으면서 그것을 안락하게 살았다고 생각하는구나. 마치 축수(畜獸)들이 모여 사는 것처럼 살아 놓고 그것을 안락하게 살았다고 하는구나. 어찌하여 너희들은 외도나 지니는 벙어리계를 지키며 살았단 말이냐?" 그리고는 "안거를 보낸 자는 세 가지 점에 의해 자자를 실행해야 한다. 세 가지란 보고 듣고 의심한 것이다. 이것에 의해 너희들은 서로 허물로부터 벗어나 율을 지켜야 한다."라고 가르치셨다.

그리고 법랍이 높은 스님부터 대중 앞으로 나아가 안거 기간 동안의 자신의 행동을 돌아보며 스스로 참회하고, 또 자신의 행동에 대해 잘못된 점을 보거나 듣거나 의심한 점은 없었는지 대중의 의견을 구하는 형식으로 자자를 실행할 것을 지시하셨다. 이런 방법으로 안거를 함께 보낸 모든 스님들이 한 명도 빠짐없이 차례로 자신의 행동을 돌아보게 함으로써 스스로의 잘못을 고백·참회하고 나아가 승가의 청정을 확인하는 시간을 가지도록 하셨던 것이다.

공동체의 진정한 화합이란 무엇인가 다시 되돌아보게 해주는 이야기이다. 공동체 생활에 있어 화합은 무엇보다 중요한 요소인데, 이것이 단지 불화가 일어날 것을 꺼려 남의 잘못된 행동을 눈감아 주거나 묵인하는 무관심 등으로부터 이루어지는 것이라면 진정한 화합이라고 할 수 없다.

적극적으로 나와 남의 행동에 관심을 갖고 좀 더 좋은 방향으로 발전해 갈 수 있도록 상호 노력하며, 또한 서로의 지적을 감사하게 받아들여 개선해 나가고자 하는 열린 마음가짐과 올바른 실천을 통해 실현되는 화합이야말로 부처님께서 자자를 통해 추구하고자 했던 참된 화합이라고 할 수 있을 것이다.

10. 율장의 정신

화합의 의미

조계종의 기본 법령인 현행 종헌·종법의 내용 가운데 율장 정신에 위배되는 부분이 많다는 지적과 개선의 필요성을 외치는 목소리가 높아지고 있다. 현행 종헌·종법은 1994년 개혁종단의 산물로, 기존 법령에 새로운 규정을 추가하기도 하고, 시대에 맞게 새로운 시각으로 개정한 부분도 있다.

당시의 총무원장 스님은 이 법령을 모아 놓은《대한불교조계종 법령집》의 간행사를 통해 다음과 같은 소견을 밝히셨다.

"원래 불교도라면 부처님의 근본 계율로써 모든 행위의 규범을 삼아야 함이 마땅하다. 그러나 계율도 시대의 변화에 따라 상황에 맞게 적합한 것으로 여러 차례 재해석되어 왔고 심지어는 새롭게 제정되기도 하였다. 이는 불교적 이상을 충분히 반영하고 있다면 행위의 규범도 끊임없이 재해석·개정·제정될 수 있다는 여지를 보여주는 것 들이다. …… 종단 법령들은 계율과 상호 보완적인 관계이다. 둘 다

종도들이 화합과 신뢰를 바탕으로 수행과 교화를 여법하고 일관되게 수행하기 위한 지침들이며, 화합을 추구한다는 점에선 동일선상에 있는 것들이다."

불교의 긴 역사를 통해 볼 때 계율은, 아니 좀 더 정확히 표현하자면, 율은 시대의 변화에 따라 많은 변화를 겪어 왔다. 현존하는 율장은 그 과정을 고스란히 보여준다. 윤리적·도덕적 개념인 계와는 달리, 율은 규칙의 성격이 강하기 때문이다.

규칙이란 공동체의 구성원들에게 가장 바람직하고 효율적인 방향으로 운용되어야 하므로, 승가공동체라는 특수한 집단의 올바른 운영을 위해 마련된 '규칙'에 대해 단지 부처님의 말씀이라는 이유만으로 절대불개변의 원칙을 고수해서는 안 된다. 부처님도 수결을 통해서 현실에 적합한 율을 추가 제정했으며 후대에도 율의 수결은 계속 이루어져 왔다. 이런 의미에서 당시의 총무원장 스님의 종단 법령 개정에 대한 의견에는 이견이 없다.

문제는 어떤 기준과 방향으로 이런 규칙들의 재해석이나 개정, 즉 수결(隨結)이 이루어져야 하는가이다. 아무런 기준 없이 현실에 맞지 않는다는 이유만으로 기존의 규정을 내키는 대로 바꿀 수는 없기 때문이다. 당시의 총무원장 스님께서는 이 기준에 대해 '불교적 이상을 충분히 반영하고 있다면'이라는 한마디로 표현하고 있어 자세한 내용은 알 수 없으나, 이어지는 글로 보아 화합을 그 중요 내용으로 보고 계신 듯하다. 화합이 승가 운영의 최대 이념이자 율장의 근본정신이라는 점에 대해 학계에서도 이론의 여지는 없다

그렇다면 화합이란 무엇일까? 말 그대로 단지 싸우지 않고 평화롭게 사는 것만이 화합이라면, 안거 기간 동안 자기 할 일만을 충실하게 하고, 다른 수행자에게 폐 끼치지 않는 것이 화합이라 생각하며 안이하게 보낸 스님들의 행동에 대해 부처님이 그리도 꾸지람을 할 이유는 없었을 것이다. '화합', 참으로 편리하고 그럴 듯하게 여기저기 적당히 사용할 수 있는 말이지만, 곰곰이 생각해 보면 너무 자의적이고 애매하게 사용되고 있다.

율장을 통해 보건대, 승가 화합의 기준은 갈마(羯磨, kamma), 즉 올바른 승가회의의 실행 여부라고 볼 수 있다.

율장에서 말하는 화합의 본질적인 의미를 이해하기 위해서는 갈마에 대한 이해가 선행되어야 한다. 율장에 의하면, 아무리 사소한 일이라도 승가 운영에 관련된 모든 사안은 갈마를 통해 결정해야 하며, 이는 일정한 경계 안에 있는 모든 스님들의 전원 출석으로 이루어진다. 이들이 모여 만장일치로 부처님의 법과 율에 근거해서 내린 판단만이 그 유효성을 인정받게 된다. 화합이란 올바르게 진행된 바로 이 여법한 갈마를 통해 내려진 결정을 통해서만 승가가 운영되는 것을 말한다.

이런 점에서 볼 때, 현행 종헌·종법의 내용, 그 가운데서도

특히 많은 문제점이 드러나고 있는 징계제도 부분은 올바른 갈마를 기반으로 승가 화합을 지향한다는 율장의 정신과는 상당히 동떨어져 있다는 비판을 피할 수 없다.

갈마에 의한 쟁사 해결

승가 생활의 기본은 화합과 참회의 정신이라고들 한다. 옳은 말이다. 자기 자신의 수행은 물론이거니와, 그 수행을 통해 이 세상의 모든 생류를 이롭게 하는 길을 걸어가겠노라 위대한 원을 세운 출가자들의 삶에 있어 어찌 서로 다투고 탓하며 스스로의 잘못된 행동에 부끄러움을 느끼지 못하는 일이 있을 수 있겠는가. 승가공동체야말로 서로에 대한 이해와 배려, 그리고 자발적인 참회로 운영되는 평온한 공동체일 것이라고, 아니 그래야 한다고 우리는 기대하곤 한다. 하지만 공통된 인식과 목적을 가지고 모인 사람들이라도 실제로 함께 생활하다 보면 이런 저런 일로 의견 충돌을 일으키기 마련인 것 같다. 서로 대화를 통해 쉽게 의견 조정에 이르는 경우도 있지만, 때로는 사소한 일로도 갈등이 커져 공동체의 화합을 위협하는 수준으로까지 발전하는 경우도 있다. 율장을 보면 초기의 승가공동체에서도 이런 문제들이 적지 않게 발생했었음을 알 수 있다.

그렇다면 초기 승가에서는 이와 같은 문제를 어떤 방법으로 풀어 나갔던 것일까? 우리는 '갈마'라는 승가 고유의 회의방식을 통해 세간과는 다른 승가공동체 특유의 문제 해결방식을 엿볼 수 있다. 갈마는 일정한 회의를 통해 구성원들의 의견을 반영·결정하는 방법인데, 승가의 중요한 정기행사를 비롯하여 구족계 수여나 특별한 소임을 맡게 될 지사(知事)비구의 선출 등 크고 작은 모든 결정에 사용된다.

특히 출가자들이 율을 어기거나 혹은 그들 사이에 갈등이 발생했을 때 갈마는 매우 중요한 역할을 하게 된다. 명확한 절차나 판단 기준 없이 적당히 내려진 판결은 구성원들 사이에 불만을 조성하고, 이는 곧 승가에 불화합을 초래할 수도 있기 때문이다. 따라서 이런 문제의 원만한 해결을 위해 사건의 내용에 따라 적용 가능한 다양한 징벌갈마나 멸쟁갈마가 마련되어 있다.

보통 칠멸쟁법(七滅諍法)이라 하여 일곱 가지 방법으로 승가 내의 다양한 트러블의 해결이 시도되는데, 어떤 방법이든 그 목적은 승가의 화합 유지와 본인의 자발적인 참회의 유도이다. 잘못을 저지른 자에 대한 처벌을 우선시하는 세간의 법률과는 사뭇 다른 잣대이다.

이 갈마의 기본은 현전비니(現前毘尼)이다. 이는 칠멸쟁법 가운데 가장 기본적인 쟁사해결 방법으로, 세간법으로 표현하자면 법정 성립의 기본 요건이라 볼 수 있다. 승가(僧伽)현전, 법(法)현전, 율(律)현전, 인(人)현전의 네 가지 조건이 그 내용인데, 이 가운데 승가현전이란 쟁사 판정을 위한 갈마를 하는 곳에 현전승가, 즉 동일한 경계 안의 모든 스님이 모이는 것을 말한다. 쟁사를 판정하는 주체는 바로 이들이며, 이들의 만장일치로 판결을 보게 된다.

법현전과 율현전이란 이 두 가지에 근거하여 쟁사가 해결되어야 한다는 것으로, 교법에 반하는 판정은 무효이며, 근거한 율의 조문은 반드시 명시해야 한다. 인현전이란 쟁사를 일으킨 원고측 비구와 피고측 비구가 모두 출석하고 있어야 한다는 것이다. 어느 한 쪽이라도 결석한 자리에서는 쟁사 판정을 할 수가 없다. 반드시 양쪽 비구의 의견을 충분히 듣고 판단해야 하며, 쟁사를 일으킨 당사자들이 없는 상태에서 하는 갈마나 그 판정 결과는 무효임을 의미한다.

이 현전비니를 기본으로 하면서도 각 쟁사의 성격에 맞는 여법갈마의 엄격한 실행을 통해 범계자의 잘못을 정확히 판별해 내어 이를 알려주고, 또 이를 스스로 인정하고 참회하도록 기회를 제공함으로써 이후 발생할 수 있는 승가 내의 각종 갈등을 막고자 한 것이다. 스스로 혹은 주위 사람들이 납득하지 못한 채 내려진 판결이 승가 내부에 분열을 만드는 불화의 씨앗이 될 수 있다는 점을 고려한다면 '여법갈마'의 실행이 곧 승가화합에 이르는 길이라 해도 과언이 아닐 것이다.

제계십리(制戒十利)

최근 일부 언론의 조계종 비판보도가 이어지고 있다. 얼마

전에 방영된 한 시사프로에서는 조계종 스님들이 문화재관람료를 징수해 억 원대를 호가하는 고급승용차를 타고 골프를 치는 호화스러운 모습이 방영되었다. 조계종 스님들이 모두 이런 생활을 하는 것도 아니건만, 일부의 부도덕한 행동이 조계종 전체의 모습인 것처럼 비추어진 점에 대해서는 아쉽고 안타깝기 그지없다.

하지만, 문제가 된 일부 스님들이 분명 조계종의 정식 승려라는 점에서, 그것도 사찰의 주지라는 요직에 있는 스님들이었다는 점에서 일부에 불과하다든가 언론의 편파적인 과잉보도라든가 하는 말로 자위하고 있을 수만은 없을 것 같다. 이미 오래전부터 조계종 안팎에서는 일부 스님들의 출가자로서의 도덕성이나 종단 자체의 자정능력을 의심하는 목소리가 심심찮게 불거져 나오고 있다는 사실을 고려할 때, 보다 근본적인 개선의 노력이 필요하지 않을까 싶다.

우리는 승가, 다시 말해 불교출가자들로 구성된 공동체를 이 사회와 완전히 독립된 집단으로 생각하기 쉽다. 물론 출가라는 행위를 통해 세간과 일선을 긋고 그들만의 특별한 공간에서 깨달음을 위해 수행하며 살아가는 모습은 분명 이 사회로부터 한 발 떨어져 존재한다는 느낌을 준다. 하지만 승가는 매우 특별한 일부 종교들처럼 모든 것을 완벽하게 자급자족하며 이 사회로부터 격리된 삶을 지향하는 공동체가 아니다. 승가는 일반인들의 신심과 존경에 의존해 그 보시로 생활하는 것을 기본으로 한다. 그리고 일반인들은 출가자들의 훌륭한 가르침과 인격 속에서 물질적인 것과는 비교할 수 없는 삶의 지혜와 위안을 얻게 된다. 이렇게 주고받는 행위가 바람직한 방법으로 이루어질 때 불교교단의 발전이 있는 것이다.

이 사실을 우리는 율장을 통해 확인하게 된다. 잘 알려진 바와 같이 율장이란 비구·비구니가 지켜야할 율 조문을 모아 놓은 문헌이다.

출가자로서 바람직하지 못한 행동을 저지르는 자가 나타날 때마다 부처님은 그 사건을 계기로 율 조문, 즉 학처(學處)를 제정하여 두 번 다시 똑같은 악행을 저지르는 출가자가 나타나지 않도록 하셨다. 학처 제정에 이른 인연담을 비롯하여 구체적인 적용 사례 등 상세한 내용이 율장에 전해지는데, 항상 각 학처의 말미에서 그 학처를 제정하는 이유를 들고 있다. 학처의 대표적인 제정 이유로 거론되는 것은 바로 '제계십리(制戒十利)'이다. 학처를 제정함으로써 얻게 될 열 가지 이익, 다시 말해 학처를 제정하여 이를 지킴으로써 승가가 얻게 될 열 가지 이익을 말한다.

그 내용을 보면 다음과 같다. 첫째는 승가의 결속력을 위해, 둘째는 승가의 품위 유지를 위해, 셋째는 승가의 원활한 공동체생활을 위해, 넷째는 악인을 억제하기 위해, 다섯째는 선(善)비구의 안주를 위해, 여섯째는 현세의 번뇌(행)를 금하기 위해, 일곱째는 미래세의 번뇌를 끊게 하기 위해, 여덟째는 아직 믿지 않는 자를 믿게 하기 위해, 아홉째는 이미 믿고 있는 자의 신앙을 굳건하게 하기 위해, 열째는 정법의 구주(久住)를 위해서이다.

이 가운데 여덟 번째와 아홉 번째에 거론되고 있는 학처제정의 이유에 주목할 필요가 있다. 이는 다름 아닌 그 사회의 재가자들의 눈을 의식하는 내용이다. 실제로 많은 학처가 재가자들의 비판을 계기로 제정되고 있다는 점을 고려할 때 우리는 부처님 당시부터 이미 승가와 일반사회의 적절한 조화가 승가발전의 기반으로서 중요시되고 있었음을 알 수 있다.

승가가 이 사회와 관련을 맺고 살아가는 한 이 사회의 가치관으로부터 완벽하게 자유로울 수는 없다.

지금 바로 이 시대, 이 사회가 종교인들에게 원하는 모습이 무엇인지, 그것이 내적인 것이든 외적인 것이든 부처님의 가르침에 입각하여 지혜롭게 파악하고 적극적으로 대응해 가려는 노력이 필요할 것이다.

11. 승가의 조건

승가의 본질

5월은 부처님 오신 날 행사를 비롯하여 불교계가 분주하게 움직이는 달이다. 불교학계도 예외는 아니어서, 이 무렵에는 다양한 학회나 세미나가 열린다. 지난 해 토요일, 조계사 한국불교역사문화기념관에서 "계율의 현대적 재조명"이란 주제로 한 학회가 열렸다.

성문계와 대승계의 양립 문제, 율장과 종헌·종법과의 문제, 그리고 율장과 청규와의 문제 등 주로 한국불교승가, 특히 조계종이 안고 있는 다양한 문제를 율장에 비추어 재조명해보는 뜻 깊은 자리였다. 딱딱한 주제임에도 불구하고 많은 출가·재가인들이 모여 경청하는 모습에서 최근 일어나고 있는 계율에 관한 깊은 관심을 엿볼 수 있었다.

필자도 발표자 가운데 한 사람으로 참석하여 승가화합의 판단조건에 관한 논문을 발표했다. 모든 발표가 끝나고 종합토론을 하는 과정에서 필자는 매우 중요한 질문 하나를 받았다. 그것은 필자가 논문의 첫머리에서 언급한 다음 구절에 관한 것이었다.

"한국불교를 비롯하여 중국과 일본 등 동아시아 불교권에서는 계(界, sīmā)의 설정, 즉 결계(結界)가 승가공동체의 생활에서 필수적인 개념은 아니다. 그러나 율장에 의하면, 승가의 성립은 결계로부터 시작된다고 해도 과언이 아니다. …… 결계 없이는 승가의 운영 자체가 불가능하다."

이에 대한 질문은, "그렇다면 결계를 중심으로 운영되고 있지 않은 한국불교 승가는 율장에 비추어 본다면 승가라고 볼 수 없는 것이 아닌가?"라는 것이었다.

1700여 년간 지속되어 온 한국불교 승가의 정체성에 관련된 문제이자, 현재 승가에서 실제로 생활하는 스님들이 지켜보고 있는 자리인 만큼 필자로서는 선불리 대답하기 어려운 면이 있었다. 그러나 '율장에 근거해서 보았을 때'라는 전제하에, 한국불교 승가는 승가의 조건을 충분히 갖추고 있지 않다고 생각한다는 사견을 밝혔다. 그 이유는 화합승가의 기본 범위를 정하는 결계가 이루어지고 있지 않으며, 더불어 그 안에서 이루어져야 할 포살 등을 비롯한 화합갈마도 제대로 실행되고 있지 않기 때문이라고 설명했다. 예상했던 대로 학자들 사이에서도, 스님들로부터도 많은 질문이 있었다.

"현전승가만 승가인가, 사방승가라는 개념도 있지 않은가? 당신의 주장대로라면, 한국불교는 물론이거니와 결계를 중심으로 운영되지 않아 왔던 중국이나 일본의 모든 승가는 다 승가가 아니라는 말인가?”

승가의 범위를 어디까지 둘 것인가에 따라 이 주장도 일리가 없는 것은 아니다.

그러나 사방승가란 무엇인가? 말 그대로 과거·현재·미래이 지구상에 존재했고, 지금 존재하고 있으며, 앞으로 존재하게 될 모든 승가를 다 포함하는 이념적인 개념이다. ‘우리는 사문석자이다’는 공통된 인식을 가지고 부처님의 가르침에 따라 수행하는 출가승들의 집단을 모두 포함하는 폭넓은 개념이다. 이 개념으로 승가를 이해한다면, 한국불교 승가 역시 승가임에 틀림없다. 그러나 과연 이 사방승가의 개념으로 승가의 본질을 논할 수 있을지 필자는 의문스럽다. 그리고 무엇보다 중요한 것은 율장의 조문들이 전제로 하는 승가는 사방승가가 아닌 현전승가라는 점이다.

이 점은 필자에게 처음 질문을 던졌던 분의 추가 질문을 통해 잘 드러난다. 그것은 그 날 발표된 다른 논문에 기술된 율장의 조목을 보면 “바라이죄를 저지른 자에게 승가가 불공주(不共住)의 벌을 내려 추방한다. 혹은 승가가 승잔죄를 내려 별주시킨다.”는 등의 표현이 있는데, 이때 처벌을 내리는 승가란 구체적으로 무엇인가 라는 것이었다. 핵심이 담긴 질문이다. 사방승가의 개념으로 승가를 이해한다면, 율 조문에 수없이 등장하는 승가의 실체는 파악할 수 없게 되는 것이다.

여기서 우리는 율장에서 승가 형성의 기본 조건으로 제시되는 결계의 본질적인 의미, 그리고 그 안에서 실행되는 화합갈마가 상징하는 바에 대해 좀 더 깊이 음미해 볼 필요성에 직면하게 된다.

결계와 화합갈마

율장에 의하면, 승가형성의 기본조건은 결계이다. 사방으로 산이나 바위 등의 표식을 정한 후, 이를 기준으로 그 내부가 하나의 현전승가(現前僧伽)를 형성하게 되는데, 이 개개의 현전승가가 바로 율장이 전제로 하는 승가의 실체이다. 결계의 목적은 하나의 승가를 형성하게 될 스님들(비구·비구니)의 범위를 한정하는데 있다. 그렇다면 왜 스님들의 범위를 한정하여 승가를 형성하는가? 포살 등과 같은 승가의 갈마를 올바르게 실행하기 위한 화합 승가를 만들기 위해서이다.

승가는 최소한 4명 이상이면 형성할 수 있지만, 갈마의 종류에 따라 필요한 인원수에 차이가 있어, 구족계 수여 등 모든 갈마를 실행하기 위해서는 반드시 20명 이상으로 구성되어야 한다. 이 사람들이 바로 승가를 형성하는 주체이자, 갈마를 실행하는 주인공들이 된다. 갈마란 일종의 승가회의를 일컫는 말인데, 승가에서는 모든 대소사를 이 갈마라는 형식을 거쳐 결정하게 된다. 갈마는 반드시 동일한 경계에 속하는 모든 스님들이 한 자리에 모여 이들의 만장일치를 통해 이루어져야 하며, 사전에 명확한 사유를 전달하지 않은 채 결석하는 자나 그 자리에 참석할 자격이 없는 자가 단 한 명이라도 끼어 있다면, 갈마는 성립하지 못한다.

또한 안건에 대하여 단 한 사람의 반대자가 있어도 이 갈마로부터 얻어낸 결론은 무효이다.

율장에 의하면, 승가의 화합은 올바른 갈마의 실천을 통해서 비로소 실현된다. 결계를 통해 이루어진 현전승가, 그리고 이 승가가 화합하여 여법한 갈마를 통해 부처님의 법과 율에 근거해서 내린 결론이야말로 최고의 권위이자, 출가자 집단을 올바른 방향으로 이끌어 가는 힘이다.

현전승가 차원의 승가 형성과 이를 중심으로 한 화합갈마의 필요성은, 율장의 규정이 승가에서 날마다 발생하는 현실적인 문제들을 대상으로 한다는 점으로부터 엿볼 수 있다. 보시 받은 의식주의 분배나 특별한 소임을 맡을 스님의 선출과 같은 일상적인 문제는 물론이거니와 바라이나 승잔과 같은 중죄를 지은 스님들에 대한 징벌, 그리고 스님들 간에 발생하는 심각한 의견 대립과 싸움 등 승가에서도 세속 못지않게 많은 일들이 발생한다. 이 모든 일들은 자칫 어설프게 해결하면 구성원들 간에 불만을 만들고 훗날 승가 불화로 이어질 불씨가 된다.

그러므로 율장에서는 경과 율에 해박한 지식을 지닌 훌륭한 스님을 포함한 현전승가를 구성하고, 아무리 사소한 사건이라도 이 승가의 화합갈마를 통해 그때그때 만장일치로 사건의 해결을 보고자 한 것이다.

또한 정기적인 포살과 자자라는 모임을 통해 승가 구성원의 청정을 항상 확인해야 한다. 이것은 한정된 인원을 중심으로 형성된 현전승가를 통해 가장 효율적으로 이루어질 수 있다. 막연한 사방승가의 개념 등으로는 풀어갈 수 없는 문제인 것이다.

한국불교 승가가 승보(僧寶)라는 점에 대해서는 필자 역시 이견이 없지만, 결계와 화합갈마를 기본으로 구성원 한 사람 한 사람이 승가의 일원으로서 확실한 자리매김을 하지 못한 채 운영되고 있는 한국불교 승가는 '율장에 근거해서 보았을 때' 승가의 조건을 충분히 갖추고 있다고 보기는 어렵다고 생각한다.

물론 한국을 비롯한 동아시아 불교권은 처음 대승불교의 형태로 불교를 받아들였다고 하는 특수한 사정이 있지만, 대승불교도 역시 전통 부파교단의 율에 근거해서 생활했다는 점이 밝혀지고 있는 지금 이 시점에서는, 그 어느 것도 현재의 한국불교 승가의 모습을 합리화 시켜 줄 수는 없을 것이다. 더욱이 부처님의 법과 율을 신봉·전승하는 출가승가로서의 정통성을 주장하는 조계종의 경우, 결계에 의한 화합승가의 구성과 화합갈마에 의한 승가운영은 필수적인 사항이다.

최근 조계종 총무원장 스님이 결계·포살 시행을 단호하게 결정하신 배경에도, 바로 율장에 근거하여 올바른 승가상을 정립하고자 하는 의도가 담겨 있을 것이다.

칠불쇠퇴법

위에서 승가가 갖추어야 할 조건으로 결계와 화합갈마의 실행이 필수적이라는 점에 대해 언급했다. 결계는 화합승을 형성하기 위한 기본 조건이며, 화합승이란 갈마의 여법한 실행을 통해서만 비로소 성취될 수 있다고 하는 것이 율장의 입장이다. 결국 승가가 승가로서 제대로 기능하고 있는가 아닌가 하는 점은 포살을 비롯한 갈마의 올바른 실행 여부에 달려 있다고 할 수 있다. 그렇다면 승가에서 갈마를 이토록 중요하게 생각하는 이유는 무엇일까?

승가란 말은 산스끄리뜨어 상가(saṃgha)라는 말의 음사어로 원래 모임이나 집단을 의미하는 보통명사였다. 특정한 권력자가 지배하는 일 없이 질서를 가지고 합의제로 운영되는 상공업자의 조합이나 공화제의 부족국가 등의 공동체를 부르는 일반적인 말이 불교교단에 도입되어 사용된 것인데, 이 말이 담고 있는 특징 역시 그대로 이어받은 불교승가는 특수한 지배권을 가진 권력자에 의해 운영되지 않고 모든 일을 대중들의 합의로 결정하고 운영해 가는 방법을 지향했던 것으로 보인다. 부처님 자신조차 승가를 이끌고 있다거나, 승가가 자신에게 의존해 있다거나 하는 생각을 갖고 있지 않았으며, 따라서 후계자를 지명하는 일도 없었다.

부처님 당시 16대국 가운데 하나였던 왓지 국 사람들은 공화정치를 펼쳤던 것으로 유명한데, 초기 《대반열반경》에 의하면, 부처님께서는 이들이 실천하고 있던 7가지 행동을 매우 칭찬하시며, 불교의 출가자들 역시 이 행동을 본받음으로써 영원히 쇠퇴하지 않고 번영할 것이라고 가르치셨다고 한다. 보통 칠불쇠퇴법(七不衰退法)이라 불리는 것으로 그 내용은 다음과 같다.

첫째, 출가자들이 종종 회의를 열고, 회의에는 항상 많은 사람들이 모이는 한 승가는 쇠퇴하는 일 없이 영원히 번영할 것이다.

둘째, 출가자들이 화합해서 집합하고, 화합해서 행동하며, 화합해서 승가가 해야 할 일을 하는 한 승가는 쇠퇴하는 일 없이 영원히 번영할 것이다.

셋째, 출가자들이 아직 정해지지 않은 것을 마음대로 정하지 않고 이미 정해진 것을 마음대로 깨지 않으며, 이미 정해진 대로 올바르게 계율을 지키고 실천하는 한 승가는 쇠퇴하는 일 없이 영원히 번영할 것이다.

넷째, 출가자들이 경험이 풍부하고 법랍이 높은 장로들, 승가를 이끌어가는 자를 공경하고 대접하며, 그들의 말을 경청해야 한다고 생각하는 한 승가는 쇠퇴하는 일 없이 영원히 번영할 것이다.

다섯째, 출가자들이 윤회를 불러일으킬 갈애에 지배되지 않는 한 승가는 쇠퇴하는 일 없이 영원히 번영할 것이다.

여섯째, 출가자들이 숲 속의 주처에서 머무는 것을 바라는 한 승가는 쇠퇴하는 일 없이 영원히 번영할 것이다.

일곱째, 출가자들이 각자 '아직 오지 않은 선한 도반들이 오기를, 또 이미 온 선한 도반들은 쾌적하게 보내기를'이라고 마음을 내는 한 승가는 쇠퇴하는 일 없이 영원히 번영할 것이다.

이 칠불쇠퇴법의 내용을 통해서도 알 수 있듯이, 불교승가는 특정한 권력자가 자신의 방침에 따라 마음대로 운영해가는 공동체가 아니다. 모든 대중들이 필요할 때마다 한 자리에 모여 회의를 하고, 부처님께서 남기신 법과 율을 기준으로, 또 경험이 풍부한 장로들의 의견에 귀를 기울여 내린 올바른 결정에 따라 화합해서 함께 행동하며, 출가자로서의 스스로의 청정, 그리고 도반에 대한 따뜻한 배려의 마음을 잊지 않고 생활해 가는 것을 이상으로 하는 공동체이다.

필자는 동일한 경계 안의 모든 스님들의 출석과 올바른 회의 형식을 거친 만장일치에 의한 진행, 법과 율이라는 확고한 기준을 기반으로 하면서도 훌륭한 장로들의 의견을 고려한 결정을 중요시하는 갈마법이야말로 출가자 한 사람 한 사람의 존재를 존엄시하면서도, 엄격한 기준 하에 불교승가를 올바른 방향으로 이끌어가고자 하는 승가의 운영방침을 고스란히 담고 있다고 생각한다.

한국불교 승가가 율장에 비추어 볼 때 승가로서의 조건을 충분히 갖추고 있다고 볼 수 있는가 없는가라는 물음에 정작 답변을 주어야 할 사람은 필자가 아닌 승가 안에서 직접 생활해 온 스님들일 것이다. 포살을 비롯한 갈마의 부재가 초래해 온 부작용은 그 안에서 생활하는 당사자들이 더 절감하고 있을 것이기 때문이다.

12. 발우 이야기

삼의일발(三衣一鉢), 오로지 수행을 지속하기 위해 필요한 최소한의 양만으로 만족하는 소박한 소욕지족(少欲知足)의 삶을 지향하는 출가자의 생활을 상징하는 말이다. 이 말에서 알 수 있듯이, 출가자의 식생활은 발우라 불리는 자그마한 하나의 그릇을 통해 해결된다. 자신의 미각을 만족시키고 배를 가득 채우기 위해 맛난 음식에 집착하는 일없이, 재가자의 신심으로부터 주어지는 음식을 질과 양에 상관없이 감사하게 받아 섭취하며 이를 기반으로 수행에 필요한 최소한의 육체적 환경을 만드는 것, 이것이 바로 발우에 담긴 의미이다.

《오분율》에 의하면, 육군비구 가운데 한 사람인 발난타가 많은 발우를 얻게 되자, 이 발우 저 발우 바꾸어 가며 쓰고, 오래된 발우는 여기 저기 방치해 두었다. 절을 찾아 온 신자들이 이를 보고 '사문석자는 항상 소욕지족을 설하면서 질리지도 않고 저렇듯 발우를 끌어 모으고 있으니, 그 모습이 마치 장사치 같구나. 사문으로서의 행은 없고 사문의 법을 깨고 있다'라고 한탄하며 비난했다. 이를 전해 들으신 부처님께서는 발난타의 행동을 꾸짖으시며 반드시 하나의 발우만을 소지할 것을 조문으로 제정하셨다고 한다.

만약 출가자가 보시를 받아 두 개 이상의 발우를 소지하게 되었을 때는 이를 장발(長鉢), 즉 여분의 발우라 하여 엄격히 그 소지를 금한다. 그러나 예외가 있다. 장발을 얻은 후 열흘 동안만은 그 소지가 허용된다. 이것은 아난이 장발을 얻게 되어 이를 사리불에게 주고자 했으나, 사리불이 먼 곳에 가 있어 돌아오는데 열흘 정도 걸리게 되었다.

이 사정을 들으신 부처님께서 장발을 처분하는 기간으로 열흘을 허용하는 율 조문을 추가 제정하셨다고 한다. 이 기간 동안, 반드시 그 동안 사용하던 발우의 사용을 멈추고 새롭게 얻은 여분의 발우와 바꾸던가, 아니면 다른 스님에게 발우를 주어야 한다. 혹은 그 발우를 '정시(淨施)'해서 갖고 있어야 한다. 정시란 자신의 소유물을 명목적으로 다른 스님에게 보시하는 것을 말한다. 다른 스님에게 맡겨 놓은 후 나중에 혹시 자신의 발우를 잃어버리거나 깨뜨렸을 경우 받아서 쓰게 되는 것이다. 발우를 잃어버리거나 깨뜨려 사용할 수 없다는 것은 곧 하루 끼니를 굶어야 한다는 말이므로, 이런 갑작스러운 경우에 대비해서 예비로 다른 스님에게 발우를 맡겨 놓는 것이다. 이와 같이 새로운 발우를 얻었을 경우에는 반드시 열흘 안에 처리를 해야 하며, 만약 이를 어기고 계속 소지할 경우에는 사타법을 어기게 된다.

하나의 발우는 사용할 수 있을 때까지 사용해야 한다. 완전히 못쓰게 깨져 버리거나 수선해도 국물이 줄줄 샐 정도가 아니라면, 보통 오철철발(五綴鐵鉢)이라 하여, 꿰맨 자국이 다섯 군데가 되어서야 비로소 새로운 발우로 바꾸는 것이 허용된다. 만약 이 규정을 어기고 새로운 발우로 바꾸었을 경우에는, 그 승가의 발우 가운데 가장 낡은 발우로 교환받게 된다. 즉 승가의 스님들이 한 자리에 모두 모여 자신의 발우를 내 놓는다. 그리고 법랍이 높은 스님부터 깨끗한 발우를 선택하게 된다. 결국 남는 것은 가장 낡은 발우가 되고, 이것이 율을 어긴 자의 몫으로 돌아가게 되는 것이다. 이처럼 발우는 출가자의 청렴한 소욕지족의 삶을 상징하는 그릇이었다.

한편, 발우는 탁발용 그릇인 만큼 출가자와 재가자의 관계 정립에서도 중요한 역할을 했다. 부처님 당시 불교 외의 다른 종교의 출가자들 역시 대부분 걸식을 통해 생계를 해결했다. 하지만 부처님께서는 다른 외도들처럼 손으로 음식을 받아먹는 것을 엄격하게 금지하셨다. 이는 탁발이라는 행위가 단지 음식을 구걸하는 것이 아닌, 재가자가 제공하는 음식의 섭취를 통해 수행에 정진하고, 또 그 보답으로 재가자에게 부처님의 가르침을 전하며 삶의 방향성을 제시해 준다고 하는 상호 교환적 의미를 상징하는 행동이기 때문이다.

13. 승가의 질서는 법랍으로

현대사회는 능력 만능주의이다. 능력 있는 신참 후배들에게 설 자리를 빼앗기고 어중간한 나이에 회사로부터 퇴출당할 위기에 처한 지인들을 가끔 접하다 보면 마음 한 구석이 썰렁하지만, 살벌한 경쟁 속에서 살아남아야 하는 회사의 절실한 입장을 생각해보면 매정하다고 탓만 하기도 어렵다. 하루하루 숨 막히게 돌아가는 현대사회가 현대인에게 요구할 수밖에 없는 현실이기 때문이다. 그래서인지, 우리는 이미 어릴 때부터 경쟁에 익숙한 삶을 살고 있다. 능력을 키워 자신이 속한 공동체에서 꼭 필요한 인물로 인정받고, 이를 기반으로 확고한 지위에 오르고자 노력한다.

그러나 인간의 욕망이란 조절이 잘 안 되는 탓인지, 곧잘 올바른 방향을 잃고 표류할 때가 많다. 능력이라는 말이 풍기는 묘한 매력에 도취되어 옳고 그름에 대한 판단력은 상실한 채, 수단·방법을 가리지 않고 앞으로 앞으로만 내달리는 사람들이 우리 주변에는 적지 않기 때문이다.

한 때 부처님께서 제자들과 함께 유행하다 어느 정사에 도착했는데, 그때 육군비구들이 '다른 사람들에게 빼앗기기 전에, 우리가 제일 좋은 장소를 먼저 차지하자'며 서둘러 좋은 와좌구를 점령해 버려 사리불 등은 머물 곳이 없어 나무 밑에서 자는 일이 생겼다. 이 일을 알게 된 부처님께서는 "비구들아, 누가 먼저 자리나 물 공양을 받아야 한다고 생각하느냐?"라고 물으셨다. 그러자 어떤 자는 출가 전의 신분을 근거로 들어 바라문 등의 높은 계급 출신이 먼저 받아야 한다고 대답하기도 하고, 또 어떤 자는 율사나 법사 혹은 깨달음을 얻은 자 등 출가 후 지니게 된 능력에 따라 먼저 받아야 한다고 대답하기도 했다.

그러자 부처님께서는 이 모든 의견을 다 물리치신 다음에 "출가자는 출가 전의 계급이나 가문, 혹은 깨달음의 깊고 낮음에 의해 상하 질서가 정해지는 것이 아니니라."라고 말씀하신 후 "물론 젊은 나이에 깊은 깨달음을 얻는 것은 그것만으로 존경받을 일이지만, 승가의 상하질서는 이것으로 정해지는 것이 아니니라. 먼저 출가한 자가 선배가 되어야 한다."라며 세속에서 태어난 해가 아닌 구족계를 받고 승가의 일원으로 거듭난 후의 햇수로 상하가 정해짐을 설하셨다. 하루라도 빨리 출가한 자는 선배이다. 후배는 선배를 깍듯이 대우하며 먼저 일어나 인사하고 합장하는 등의 예의를 갖추어야 한다.

당시 자신의 가문을 자랑하며 교만스러웠던 것으로 유명한 석가족 출신의 출가자들 역시 부처님의 이러한 방침을 잘 받들었다고 한다. 아난 등의 석가족 청년 6명이 출가하고자 했을 때, 그들은 "우리 석씨는 교만합니다. 이 이발사 우빠리는 오랫동안 우리들의 하인이었습니다. 세존이시여, 우선 그를 먼저 출가시켜 주십시오. 우리들은 그에게 경례하고 일어나 맞이하며 합장하고 공경하겠습니다. 이렇게 해서 우리들은 석씨의 교만을 제거하겠습니다."라며 우빠리를 먼저 출가시켰다고 한다. 속세에서 자신들의 하인으로 살아 온 자를 먼저 출가시켜 선배로 모심으로써 그들 안에 잠재해 있을지도 모를 교만심을 제거하고자 한 것이다.

치열한 경쟁 속에 살고 있는 현대인의 입장에서 본다면, 법랍에 의한 승가 운영은 안이하게 여겨질지도 모르겠다. 이런 방법으로 현대와 같은 경쟁사회에서 살아남는 것은 분명 무리이기 때문이다. 하지만 지나친 능력 만능주의는 그 부작용도 만만치 않다. 무엇을 진정한 능력이라 부르며 추구해야 할 것인지 그 올바른 기준을 잃지 않고 사는 것이 무엇보다 중요하다.

부처님께서 법랍(法臘), 즉 구족계를 받고 먼저 출가한 사람이 서열상 위가 되는 규칙을 정하시고, 이를 기준으로 승가의 질서를 유지해 가는 방법을 선택하신 배경에는 능력이라는 말에 휘둘려 옳고 그름을 잊은 채 위로만 올라가고자 애쓸 수도 있는 인간의 욕망을 경계하고자 하는 의도가 있었던 것은 아닐까 생각한다.

14. 남녀의 만남을 주선하지 마라

"어떤 비구이든 중매를 선다면, 즉 남자의 뜻을 여인에게 전달하고, 혹은 여인의 뜻을 남자에게 전달하여 결혼이나 사통(私通)을 성립시킨다면, 설사 그것이 일시적인 것일지라도 승잔죄이다."

율 조문 가운데 승잔죄 제5조로 등장하는 매가계(媒嫁戒)로, 스님들이 재가자들의 연분을 맺어주는 중매인의 역할을 하는 것을 금하는 조문이다.

빨리율에 의하면, 부처님 당시 사위성에 살던 우다이라는 스님에게는 많은 신자가 있었다. 그는 신자들의 가족과도 친분이 깊어, 딸을 가진 부모 앞에서는 다른 집 아들을 칭찬하고, 아들을 가진 부모 앞에서는 다른 집 딸을 칭찬했다. 이를 들은 부모들은 우다이 스님에게 중매를 서 줄 것을 부탁했고, 이런 식으로 그는 많은 중매를 서게 되었다.

그러던 어느 날 한 마을에 살던 과부에게 아름다운 딸이 하나 있었는데, 마을 밖에 살던 사명외도(邪命外道)의 신자가 그녀를 며느리로 맞이하기를 원했다. 그는 그녀의 어머니에게 그 뜻을 전달했으나 거절당하자, 사위성에서 신망이 높았던 우다이 스님을 찾아와 부탁했고, 스님의 중매로 결국 그녀를 며느리로 맞이하게 되었다. 그러나 사명외도의 신자는 며느리로 맞이한 여인을 처음 한 달 동안은 식사 준비 등의 가사만을 하게 하는 등 며느리로서 대우했지만, 점차 험한 일도 가리지 않고 마구 시키며 노예처럼 부려먹었다. 더 이상 그 고통스러운 상황을 견딜 수 없었던 며느리는 자신의 어머니에게 호소했고, 이로 인해 양가 사이에 불화가 발생하여 결국 이혼으로 발전했다. 게다가 양가가 싸울 때 우다이 스님이 적절하게 대응하지 못한 점도 있어, 그때까지 이 스님의 중매로 결혼해서 행복해진 사람들은 이 싸움에서 그를 옹호했지만, 불행해진 사람들은 자신들의 불행을 그의 잘못된 중매 탓으로 돌리며 비난했다. 이리하여 우다이 스님에 대한 세간의 비난은 점차 커져 부처님의 귀에까지 들어가게 되었고, 이 사건을 계기로 스님이 중매 서는 것을 금하는 매가계가 제정되었다고 한다.

이 인연담으로부터 알 수 있는 바와 같이, 출가자에게 중매를 금하는 이유는 결혼생활이 행복하게 이어지지 못하고 여러 가지 트러블이 발생하게 될 경우, 그 비난이 중매자인 출가자 본인에게로 쏟아지고 이는 곧 승가에 대한 비난으로 이어지기 쉽기 때문이다. 이 율 조문은 결혼은 물론이거니와 유희를 위한 일회성의 만남도 그 대상으로 한다. 현대인의 사고로는 종교인이 일회성의 만남을 주선하는 등 있을 수도 없는 일이지만, 당시 인도사회에서는 일시적으로 창녀를 사서 즐기는 문화가 하나의 관습으로 인정되고 있었으므로, 매가계에서는 이를 사통이라 하여 그 만남을 주선하는 것 역시 금하고 있는 것이다.

요즈음 사찰에서 스님이 주례를 서고 불교식으로 결혼식을 올리는 경우도 종종 있는데, 이것은 매가계의 대상에는 포함되지 않는 것으로 보인다. 스님이 직접 중매를 하고 주례까지 맡은 경우라면 문제가 되겠지만, 단지 의식만을 주관하는 경우에는 이들이 부처님의 가르침에 따라 올바른 결혼생활을 해나갈 것을 약속하는 자리에 보증인과 같은 입장으로 참석하는 것이기 때문이다.

모든 인간관계가 다 그렇겠지만, 특히 남녀 사이는 한층 더 복잡하고 어려운 부분이 있다. 일시적인 만남도 그렇지만, 한평생 부부의 연을 맺고 살아가는 경우라면 생각지도 못한 온갖 우여곡절에 조우하기 마련이다. 최종 선택도, 또 살아가며 기울여야 할 노력도 본인들의 몫이지만, 인연의 첫 연결고리를 제공해 준다는 점에서 중매인은 한 사람의 인생을 좌지우지하는 중대한 자리에 서 있다고 볼 수도 있다. 이런 점에서 매가계는 남녀의 만남을 주선하는 일이 얼마나 신중을 요하는 일인가를 보여준다고 할 것이다.

15. 식탐으로부터 벗어나라

성욕, 수면욕과 더불어 인간의 3대 본능적 욕구 가운데 하나로 식욕을 꼽는다. 단지 배고픔을 달래는 차원을 넘어, 좀 더 맛난 음식을 배불리 먹고 싶어 하는 것은 인간의 기본적이고도 강렬한 욕망이다. 맛난 음식을 앞에 두고 절제된 식욕으로 음식의 양을 조절할 수 있는 사람이 몇이나 될까? 과식으로 신음하게 될 위장을 걱정하며 위의 80%만 채우자고 늘 결심해 보지만, 식탐으로부터 벗어나는 길은 멀게만 느껴진다.

바라제목차 바일제죄(波逸提罪)의 대상 가운데 무려 10여 개의 조문이 식사에 관한 것이라는 점을 보면 출가자의 경우조차 식탐은 극복하기 어려운 유혹이었던 것 같다.

잘 알려진 바와 같이, 율장에 의하면 스님들은 하루 한 번의 탁발로 생계를 해결하도록 되어 있다. 음식을 저장하는 것도 요리하는 것도 금지되어 있다. 이른 아침 마을을 돌며 재가자가 발우에 넣어 준 보시 받은 음식만을 먹어야 하며, 맛없는 음식이라고 불평해서도 안 되고, 양이 적다고 더 달라고 요구해서도 안 된다. 이 외에는 설사 나무에서 저절로 떨어져

길가에 나뒹구는 과일 한 알조차 마음대로 집어 먹어서는 안 된다. 이렇게 탁발로 얻은 음식을 가져와 정오까지 식사를 마쳐야 하는데, 이는 비시식계(非時食戒)라 하여 때가 아닌 때, 즉 정오 이후에는 식사를 해서는 안 된다는 조문이 있기 때문이다. 단, 정오 이후라도 찌꺼기가 목에 걸리지 않는 과일 주스 정도는 마시는 것이 허용된다.

오전 중에 한 번의 식사만을 권장하는 가장 큰 이유는 건강상의 문제이다. 《마하승기율》에 의하면 부처님께서는 하루에 한 끼니만 드셨는데 몸이 가벼워 항상 편안하게 생활하셨다고 한다. 출가자의 경우에는 오후나 밤 시간은 주로 선정 등을 하며 앉아 보내게 되므로 굳이 세 끼를 다 챙겨먹어 만복감으로 몸을 나른하게 할 필요 없이 오전 중 한 번의 충분한 식사로 정상적인 생활이 가능하다고 생각했던 것이다. 또 하루 세 끼를 다 챙겨 먹으려다 보면 정신적으로나 육체적으로 산란해져 수행에 전념할 수 없기 때문이기도 하다.

한편 색미식계(索美食戒)는 맛난 음식을 탐하는 행동을 금하는 조문이다. 미식이란 영양가 있는 맛난 음식을 말하는 것으로, 만약 병에 걸려 약으로 이런 음식이 필요한 경우가 아니라면, 스스로 구걸하여 미식을 얻어서는 안 된다.

족식계(足食戒) 역시 맛난 음식에 대한 탐욕을 절제시키고자 제정된 조문으로 볼 수 있다. 족식이란 스님이 신자로부터 초대받아 식사공양을 할 때, 음식을 권하는 신자에게 족식, 즉

'충분히 먹었습니다'라고 말한 후 그 자리에서 일어났다면, 그 날은 더 이상 먹을 것을 입에 넣어서는 안 된다는 조문이다. 사위성의 한 바라문이 스님들을 초대하여 음식을 공양했는데, 스님들은 그 공양을 받은 후에 다른 곳에서도 음식을 받아먹었기 때문에 바라문이 이것을 듣고 비난한 것을 계기로 제정되었다고 한다. 만일 초대받은 집에서 맛난 음식을 먹지 못했을 경우에 조금만 먹고 다른 곳에서 또 음식을 탁발하여 먹는 행위를 함으로써 원래 그 비구를 초대한 재가신자가 불쾌하게 생각할 소지가 있기 때문에 만들어진 조문인데, 이 역시 맛난 음식만을 찾아 먹고자 하는 욕망을 경계하는 것이다.

출가자에게 있어 음식이란 수행에 필요한 기본적인 육체적 조건을 만들기 위해 필요한 것일 뿐 탐욕의 대상이 되어서는 안 됨을 보여주는 조문들이다.

식욕 자체는 건강의 상징이므로 부정할 이유는 없지만, 입이 즐거워하는 음식만을 탐하며 집착하기보다는 주어진 음식을 맛나고 감사하게 먹을 줄 아는 마음가짐, 그리고 절제된 식사 횟수와 양으로 몸의 편안함을 도모하여 음식이 진정한 삶의 원동력으로 작용할 수 있도록 노력해야 한다는 점은 잊지 말아야 할 것이다.

16. 근거 없이 비방하지 마라

한 때 부처님께서 왕사성 근처의 죽림원에 계실 때의 일이다. 어린 나이에 아라한과를 얻은 답바 스님은 어느 날 홀로 선정을 즐기다 문득 이런 생각을 했다. '이제 나도 다른 수행자를 위해 무언가 봉사하고 싶구나.' 그래서 부처님을 찾아뵙고 승가의 분방사인(分房舍人), 차차청식인(差次請食人)이 되어 일하고 싶다는 뜻을 고했다. 분방사인이란 스님들에게 숙소를 분배하는 소임자이다. 스님들은 기본적으로 유행생활을 하기 때문에 지금 머무르고 있는 스님들이 다른 지방으로 떠나기도 하고, 새로운 스님들이 찾아들기도 한다. 이때 분방사인은 비어 있는 방을 잘 파악하여 모든 스님들이 적당한 방을 배정받아 편히 쉴 수 있도록 조정하는 역할을 한다.

한편, 차차청식인이란 청식에 갈 순서를 정하는 소임자이다. 스님들은 걸식으로 식사를 해결하는 것이 원칙이었지만, 신자가 자신이 존경하는 스님을 따로 식사에 초대하는 것도 가능했다. 이것을 청식(請食)이라고 한다. 그런데 이때 한두 명의 스님보다는 승가 전체를 대상으로 보시를 하는 것이 훨씬 공덕이 크므로 스님을 지정하지 않고 승가에 청식의 뜻을 알리면 승가에서 순서대로 스님을 보내게 된다. 차차청식인은 이때 순서를 정해 스님들을 신자의 집으로 보내는 역할을 한다.

부처님의 지시에 따라 승가의 갈마를 거쳐 분방사인 겸 차차청식인이 된 답바 스님은 각 스님들의 성향이나 법랍 등을 잘 파악하여 소임을 성실하게 수행했다. 그러던 어느 날, 자(慈) 스님과 지(地) 스님이 이곳을 찾아왔다. 이들은 신참비구이자 덕도 없는 악(惡)비구였기 때문에, 승가의 규칙에 따라 좋지 못한 방사와 음식을 배정받게 되었다. 마침 그 때 선반 거사라 불리는 신심 깊은 재가신자는 스님들에게 돌아가며 날마다 훌륭한 공양을 올리고 있었다. 순서에 따라 자 스님과 지 스님도 선반 거사의 집에 가게 되었는데, 답바 스님으로부터 이들이 온다는 소식을 들은 선반 거사는 평소 이들에 대한 평판을 듣고 있던 터라, '어찌하여 그런 악비구들이 우리 집에서 공양을 받는다는 말인가'라고 매우 불쾌하게 여기며, 집에 돌아와 하녀에게 "내일 찾아오는 스님들에게는 곡물창고에 자리를 마련해 앉히고 부스러기 쌀에 죽이나 줘서 보내라."고 지시했다.

한편, 내일 선반 거사의 집에서 맛난 음식을 먹게 되리라 기대하며 자 스님과 지 스님은 꿈에 부풀어 있었다. 그런데 이 두 스님을 기다리고 있던 것은 상상 외의 초라한 음식이었다. 평소 답바 스님을 못마땅하게 여기고 있던 이들은 이 모든 것이 그의 지시에 의해 이루어진 일일 것이라 오해하며 분노했다. 공양을 끝낸 후, 이들은 고개를 숙인 채 승원 앞에 쭈그리고 앉아 있었다. 그때 마침 여동생인 자(慈) 비구니가 지나가다 이들을 발견하고는 "왜 그렇게 힘이 없으십니까?"라고 물었다. 두 스님은 자초지종을 늘어놓으며, 내일 부처님께 가서 "답바 스님이 저를 범했습니다."라고 거짓으로 고하여 그가 멸빈당하도록 해 달라고 자 비구니에게 부탁했다.

자 비구니는 흔쾌히 승낙하고 다음 날 부처님께 가서 고했다. 부처님은 다 아시면서도 답바 스님을 불러 사실을 확인한 후, 근거 없이 다른 스님을 비방하여 바라이죄로 몰고자 한 죄로 오히려 자 비구니를 멸빈하도록 지시하셨다고 한다. 이 조치에 놀란 자 스님과 지 스님은 자신들이 시켰다는 사실을 부처님께 알렸고, 이를 계기로 승잔죄 제8조, 즉 악의나 불만에 의해 사실 무근으로 남을 비방하는 행위를 금지하는 조문인 무근방계(無根謗戒)가 제정되었다고 한다.

다른 사람에 대한 미움이나 불만, 질투, 혐오감 등이 때로 얼마나 유치한 방식으로 표출될 수 있는가를 보여주는 이야기이다. 만일 자신이 근거 없는 비방을 만들어 내거나 혹은 이를 즐기고 있다면, 일종의 피해의식이나 열등감과 같은 일그러진 감정 속에서 길을 잃고 헤매고 있는 것은 아닌지 먼저 자신의 내부를 냉철하게 성찰해 볼 필요가 있을 것이다.

17. 출가자로서의 위의

이른바 공인(公人)이라 불리는 사람들이 있다. 정치, 문화, 경제 등 각 분야에서 활발한 활동을 하며 세상 사람들에게 그 존재가 널리 알려져 있는 사람들이다. 유명세만큼 이들의 말이나 행동은 늘 세상 사람들의 관심거리가 된다. 사람들은 그들에게서 적어도 일반인들과는 다른 무언가 존경할 만한 언행을 발견하게 되기를 바란다. 그래서인지 그들의 실수나 잘못은 보통 사람들의 그것보다 훨씬 따끔한 뭇매를 맞게 마련이다. 종교인도 예외는 아니다. 일반 사람들은 종교인들에게 존경할 만한 특별한 무언가를 기대한다. 특히 스님들의 경우에는 삭발과 가사라는 외형적인 특징 때문인지 한 사람 한 사람이 출가자라는 특별한 존재로서 사람들의 눈에 비추어지게 되고, 어쩌다 그 기대감이 어긋났을 때 느끼는 실망감은 크다. 그리고 이것은 승가 전체에 대한 사람들의 인식을 한 순간에 바꾸어 버리기도 한다.

이와 같은 사태를 우려해서일까? 비구(니)가 지켜야 할 율을 모아 놓은 조문집인 바라제목차에는 중학법(衆學法)이라 불리는 일련의 조문들이 있다. 평소에 열심히 배워야 할 여러 가지 법이라는 의미로 출가자로서 지녀야 할 위의를 주된 내용으로 하는데, 특히 재가자와의 접촉 시 유의해야 할 사항들이 많다.

속가에 갈 때나 식사할 때 지녀야 할 위의는 특히 재가자들의 시선을 의식한 조문들이다.

속가에 갈 때는 가사를 가지런히 잘 챙겨 입어 잘못 노출되는 부분이 없어야 하며, 시선은 이리저리 굴리지 말고 반드시 아래쪽을 향하도록 해야 한다. 큰 소리로 웃어서는 안 되며 항상 나지막한 목소리로 말해야 하고, 몸통이나 팔, 머리 등을 이리저리 흔들거나 깡충거리는 걸음으로 속가에 들어가서도 안 된다. 들어가서 앉았을 경우에도 마찬가지이다.

탁발할 때는 재가자가 베풀어주는 음식에 대한 감사하는 마음을 잊지 말아야 하며, 재가자가 발우에 음식을 담아줄 때는 발우만을 주시해야 한다. 지나치게 많이 받으려고 욕심 부리지도 말아야 하며, 먼저 받겠다고 순서를 어겨서도 안 된다. 남의 떡이 커 보인다고 불만 가득한 마음으로 다른 출가자의 발우를 쳐다보아서도 안 되며, 음식이 입에 닿기도 전에 입을 벌려서도 안 된다. 입에 음식을 넣은 채 말해서도 안 되며, 음식을 입으로 던져 넣으며 먹어서도 안 된다. 입에 음식을 너무 많이 넣어 볼을 불룩하게 한 채 먹어서도 안 되며, 손을 흔들며 먹어서도 안 된다. 밥알을 떨어뜨리며 먹어서도 안 되며, 혀를 내민 채 먹어서도 안 된다. 쩝쩝거리는 등 소리를 내며 먹어서도 안 되며, 손이나 발우, 입술 등을 핥으며 먹어서도 안 된다.

너무 생생하고도 사소한 표현에 뭘 이렇게까지 해야 할까 싶어 순간 웃음이 나오지만, 생각해 보면 출가자에게서 별로 발견하고 싶지 않은 모습인 것만은 분명한 듯하다. 이 규정들이 주로 재가자의 시선에 초점을 맞춘 것이라면, 설법할 때 지녀야 할 다음 위의들은 출가자가 출가자로서 스스로 그 위상을 높이기 위해 제정된 것들이다. 예를 들어, 아프지도 않으면서 양산을 쓰고 있거나 지팡이를 짚고 있는 자, 무기를 손에 들고 있는 자, 탈 것에 올라타고 있는 자, 누워 있는 자, 머리에 무언가 뒤집어쓰고 있는 자, 설법하는 스님보다 높은 자리에 앉아 있는 자, 설법하는 스님은 서 있는데 앉아 있는 자, 설법하는 스님보다 앞에 가고 있는 자 등에게는 설법해서는 안 된다고 한다. 경건한 마음으로 설법자에 대한 예의를 갖추지 못한 자에게 법을 설하는 행위 역시 출가자로서 위의 없는 행동으로 보고 있는 것이다.

스스로의 품위는 스스로가 지키는 법이다. 이 중학법의 규정들이야말로 가사의 무게를 보여준다고 할 수 있다. 온화하면서도 절도 있고, 겸허하면서도 비굴하지 않는 출가자의 일상적인 모습에서 사람들은 적절한 거리를 사이에 둔 존경심을 잃지 않고 그들을 바라보게 될 것이다.

18. 복발갈마(覆鉢羯磨)

비구나 비구니의 공동체인 승가는 율(律, vinaya)이라 불리는 특수한 규율에 근거해서 운영된다. 한 나라에 법률이 있듯이, 승가공동체에는 승가의 질서와 화합, 유지를 위해 율이 필요한 것이다. 율에는 바라이죄 등과 같이 절대 저질러서는 안 되는 규율이 있는가 하면, 승가의 일원으로서 적극적으로 실행해야 할 것이 있다. 이 가운데 후자는 승가에서 이루어지는 모임, 즉 갈마(羯磨, kamma)라 불리는 승가회의와 관련된 것이 많다. 갈마는 동일한 경계의 구성원들이 모두 한 자리에 모여 만장일치로 결정하는 승가 특유의 의견 결정법으로, 구족계 의식이나 포살과 같은 중요한 의식을 비롯하여 승가에서 발생하는 크고 작은 대부분의 문제가 이를 통해 결정된다. 갈마는 안건에 따라 다양한 종류가 있는데, 특히 재가자와 직접적인 관련이 있는 몇 가지 갈마가 있다.

먼저 복발갈마(覆鉢羯磨)이다. 복발갈마란 말 그대로 발우를 엎어버릴 것을 결정하는 갈마로, 잘못을 저질렀다고 생각되는 재가불자에게 승가측이 적극적으로 징벌을 내리는 것을 그 내용으로 한다. 발우는 재가불자가 출가자에게 음식 등을 담아 주며 보시하는 그릇이므로, 이것은 달리 말하자면 재가불자가 공덕을 쌓는 그릇이다. 따라서 발우를 엎어버린다는 것은 더 이상 그 재가불자로부터 어떤 보시도 받지 않겠다는 의지의 표시이자, 결과적으로는 그에게 공덕을 쌓을 기회를 주지 않는 행동이 되는 것이다.

빨리율에 의하면, 복발갈마의 인연담은 다음과 같다. 왓다라는 우바새는 평소 자(慈), 지(地)라는 두 비구와 친하게 지냈다. 그런데 어느 날 왓다가 인사를 해도 이 두 비구는 대답이 없었다. 왓다가 걱정하며 연유를 묻자, 이들은 다표(陀驃)라는 비구가 자신들을 괴롭히고 있는데도 너는 방관만 하느냐며 질책했다. 그리고는 어떻게든 그가 승가에서 쫓겨나도록 해달라고 부탁하며 그 방법을 왓다에게 일러주었다. 왓다는 이들의 말을 믿고 시키는 대로 부처님에게 가서 다표 비구가 자신의 아내를 범했다고 거짓말을 하며 모함했다. 하지만, 그의 거짓말은 곧 들통이 났고, 그가 의도적으로 다표 비구를 불이익에 빠뜨리고자 한 것이 밝혀져 부처님께서는 그에게 복발갈마를 부과할 것을 지시하셨다고 한다.

보통 비구나 비구니에게 실행되는 갈마는 당사자의 출석이 반드시 필요하지만, 복발갈마는 당사자의 출석을 요구하지 않은 채 승가만이 모여 백사갈마(白四羯磨)로 결정한다. 백사갈마란 가장 중대한 사안에 적용되는 갈마의 형식으로, 그 자리에 모인 출가자들에게 세 번에 걸쳐 의견을 묻는 것을 말한다. 복발갈마가 백사갈마에 의해 실행된다는 것은, 그 만큼 신중하게 처리되어야 할 사안임을 말해주는 것이다. 갈마를 통해 결정이 나면, 승가는 왓다에게 사자를 보내 '왓다여, 승가는 당신에 대해 발우를 엎기로 했습니다. 당신과 승가는 이제 더 이상 서로 왕래하지 않기로 했습니다.'라며 승가의 결정을 전하도록 한다. 이 복발갈마의 대상이 되는 재가불자의 행동은, 첫째 출가자들이 보시를 얻지 못하도록 도모하는 것, 둘째 출가자의 불이익을 도모하는 것, 셋째 출가자가 주처(住處), 즉 머무를 곳을 얻지 못하도록 도모하는 것, 넷째 출가자를 비방하는 것, 다섯째 출가자와 출가자 사이를 이간질하는 것, 여섯째 부처님을 비방하는 것, 일곱째 법을 비방하는 것, 여덟째 승가를 비방하는 것 등의 여덟 가지이다.

복발갈마는 불·법·승 삼보를 비난하거나, 혹은 출가자들의 화합을 깨거나, 혹은 출가자를 근거 없이 비방하는 재가불자에 대해 승가가 조용하면서도 확고하게 자신들의 의지를 전하는 방법이라고 할 수 있다.

19. 하의갈마(下意羯磨)

복발갈마가 불·법·승 삼보를 비난하거나, 출가자들의 화합을 깨거나, 혹은 출가자를 근거 없이 비방하는 재가불자에 대해 승가측이 내리는 일종의 징벌이었다면, 하의갈마(下意羯磨)는 그 반대로, 재가불자에게 폐를 끼치고 화나게 한 출가자가 그 재가불자를 찾아가 자신의 잘못을 사과하고 참회할 것을 결정하는 갈마로 차부지백의가갈마(遮不至白衣家羯磨)라고도 한다.

빨리율에 의하면, 하의갈마가 제정된 인연담은 다음과 같다. 질다(質多) 거사는 선법(善法) 비구에게 매일 정성 드려 공양을 올렸다. 다른 스님들을 공양할 때도 항상 선법 비구에게 먼저 허락을 받는 등 그를 매우 존경하며 모시고 있었다. 그런데 어느 날 사리불과 목건련을 비롯한 많은 장로스님들이 질다의 숲을 찾아왔다. 질다는 이들로부터 설법도 듣고 공양에 초대할 약속도 했다. 그 후 질다는 선법 비구에게 이 사실을 전하며 공양에 초대했지만, 선법 비구는 자신의 허락을 먼저 받지 않았다고 매우 괘씸히 여기며 그의 초대를 거절했다.

공양 당일, 선법 비구는 질다가 장로들을 위해 어떤 음식을 마련했는지 궁금해져 결국 질다의 집을 방문했다.

잘 마련된 공양이었지만, 둘러보니 깨떡이 없었다. 선법 비구는 "질다여, 잘 마련된 공양이지만, 한 가지 없는 게 있으니, 바로 깨떡이 없구나."라고 괜한 트집을 잡으며 심통을 부렸다. 질다는 몹시 화를 내며 "부처님의 말씀을 전해야 할 자의 입에서 기껏 나오는 소리가 깨떡이라니……. 마치 수탉과 암까마귀 사이에서 태어난 녀석이 까마귀소리를 내려고 하면 닭소리가 나고 닭소리를 내려고 하면 까마귀소리가 나오는 것과 같구나."라며 비웃었다.

질다의 말을 들은 선법 비구는 버럭 화를 내며 부처님께 가서 이 일을 말씀드렸다. 부처님께서는 이 일은 선법 비구의 잘못이라 하시며, 승가는 선법 비구에게 하의갈마를 내리고 그를 참회시키라고 하셨다고 한다. 질다의 행동에도 문제는 있었겠지만, 적절하지 못한 이유로 재가불자를 비난하며 그의 화를 사고, 또 신심을 잃는 원인을 제공했다는 점에서 선법 비구의 행동을 부처님께서는 먼저 문제 삼으신 것이다.

하의갈마를 통해 폐를 끼친 재가불자에게 사과할 것이 결정되면, 그는 그 재가불자를 찾아가 참회하며 용서를 빌어야 한다. 이 하의갈마의 대상이 되는 출가자의 행동은 첫째 재가불자가 물질적인 손해를 보도록 도모하는 것, 둘째 재가불자의 불행을 도모하는 것, 셋째 재가불자가 살 곳을 얻지 못하도록 도모하는 것, 넷째 재가불자를 매도하고 비방하는 것, 다섯째 재가불자와 재가불자 사이를 이간질하는 것, 여섯째 재가불자에게 부처님을 비방하는 것, 일곱째 재가불자에게 법을 비방하는 것, 여덟째 재가불자에게 승가를 비방하는 것 등의 여덟 가지이다. 이는 재가불자가 출가자에게 해서는 안 되는, 즉 복발갈마의 대상이었던 여덟 가지 행동의 내용과 동일하다. 출가자든 재가자든 결코 서로를 비방하거나, 정신적·물질적인 피해를 주거나, 또 불·법·승 삼보에 대한 비방을 하는 등의 행동은 삼가야 하는 것이다.

재가불자를 지도하고 이끌어 가는 출가자, 또 출가자를 따르고 존경하는 재가불자, 이 관계의 적절한 유지를 위해 평소 상대방에 대한 예의는 필수적이다. 그리고 잘못을 저질렀을 경우, 자신의 잘못을 숨김없이 드러내고 참회하는 것은 스스로의 청정을 위해서는 물론이거니와 상대방의 존경과 신뢰를 잃지 않기 위해서도 매우 중요한 일이다.

자신의 허물을 적극적으로 인정하며 참회할 것을 가르치는 하의갈마는 출가자를 대상으로 하는 내용의 갈마이지만, 사부대중의 화합과 불교교단의 발전을 위해 그 정신은 출가·재가를 막론한 모든 불교도가 깊이 되새기며 실천에 옮겨야 할 것이다.

20. 구출갈마(驅出羯磨)

불교교단에서 재가불자의 중요한 역할 가운데 하나는 출가자에 대한 신심과 이에 기반을 둔 보시, 즉 출가라는 어려운 선택을 하고 온 생을 바쳐 수행에 전념하는 그들을 존경하며 이들이 번잡스러운 일상에 사로잡히지 않고 수행에 전념할 수 있도록 의식주 전반에 걸쳐 정성껏 돌보는 일일 것이다. 이것은 불교교단의 안정과 발전에도 기여하는 일이지만, 한편으로는 재가불자 자신의 공덕을 쌓는 일이기도 하다. 흔히 승가를 복전(福田)이라 표현하는 이유이다. 그러나 척박한 땅에 뿌려진 씨앗이 제대로 결실을 못 맺는 것처럼, 출가자로서의 올바른 심신을 갖추지 못한 자에게 주어진 공양은 좋은 결과를 기대하기 힘들다고 한다.

부처님 당시 끼따 산에 앗사지와 뿌나바수까라고 불리는 스님들이 살고 있었다. 그런데 이들은 출가자로서 적절하지 못한 행동을 일삼는 악(惡) 비구들이었다. 이들은 직접 나무를 길러 그 꽃과 가지로 꽃다발을 만들기도 하고 귀걸이나 목걸이용의 온갖 액세서리 등을 만들기도 했다. 그리고 이것을 마을 부녀자들에게 직접 선물하기도 하고 혹은 남을 통해 보내기도 했다. 게다가 술 마시고 춤추고 노래하며 여인들과 희희낙락거렸고, 때로는 장기판이나 도박판에서 놀기도 하고, 심지어는 주먹을 휘두르며 싸움질을 하기도 했다. 그리하여 스스로는 물론이거니와 재가불자들의 청정한 신심까지 타락시키고 있었다. 그러던 어느 날, 어떤 훌륭한 한 스님이 부처님을 만나기 위해 유행하던 중 마침 그곳을 지나게 되었다. 그는 이른 아침 발우를 들고 단정하게 위의를 갖춘 모습으로 탁발하러 마을로 들어갔다. 그러자 일부 사람들은 그 스님을 보며 "이 힘없고 아둔해 보이는 건방진 자는 누구냐? 누가 이런 자에게 먹을 것을 주겠느냐? 우리들의 훌륭하신 앗사지와 뿌나바수까 스님은 친절하며 편안하다. 보시는 그런 분들한테 드리는 것이다."라며 그를 조롱했다.

그때 이 모습을 지켜보고 있던 한 재가불자는 그 스님을 모시고 자신의 집으로 가 공양을 올리며, 부처님을 뵙게 되면 끼따 산의 사정을 꼭 전해달라고 부탁했다. 부처님을 만난 그 스님은 끼따 산에서 자신이 보고 들은 바를 전하며, "예전에는 신심 있고 믿었던 자들도 이제는 신심도 없고 믿지도 않습니다. 이전에 승가에 대해 이루어지던 보시의 길은 지금은 끊겼으며 선량한 비구들은 제외당하고 나쁜 비구들이 거주하고 있습니다."라고 했다. 다 들으신 후, 부처님께서는 사리불과 목련 등을 보내 앗사지와 뿌나바수까에게 구출갈마(驅出羯磨)를 내리라고 지시하셨다. 구출갈마는 일정한 지역에서 악한 행동으로 물의를 일으킨 자들을 그 지역으로부터 추방할 것을 결정하는 갈마이다. 구출갈마를 받은 자는 승가의 용서를 받지 못하는 이상 그 지역으로 돌아올 수 없다. 게다가 이 사실을 전해들은 다른 승가에서도 그들을 받아주지 않으므로, 결국 진정한 참회를 통해 승가의 용서를 얻지 못하는 한 그들은 사실상 불교교단에서 설 자리를 잃게 되는 것이다.

우리는 구출갈마의 이 인연담으로부터 두 종류의 재가불자를 볼 수 있다. 하나는 악행을 일삼는 앗사지와 뿌나바수까와 뒤섞여 옳고 그름을 분별하지 못한 채 그들을 옹호하는 자와 또 하나는 그들의 행동이 잘못되었음을 정확히 판단하고 이를 바로잡고자 노력하는 자이다. 유혹도 많고 위험도 많은 세상이다. 이 세상에서 출가라는 위대한 길을 선택한 사람들이 부디 그 목적을 달성할 수 있도록, 우리 재가불자들도 올바른 판단력을 가지고 그들을 보조해야 할 것이다. 그리고 이것은 곧 우리 자신의 공덕을 쌓는 길이기도 하다.

21. 다인어(多人語)
―승가의 다수결 원칙

민주주의의 기본 원칙 중에 다수결의 원칙이 있다. 현재의 민주주의는 대의민주주의로, 각종 이익 단체가 자신의 대표를 선출하여 자신들의 이익을 대변하도록 하는 제도이다. 자신들의 이익을 가장 중시하기 때문에 대의민주주의 제도는 모든 구성원들이 동의하는 선(善)이 존재하지 않는다. 결국 수적인 의미에서 다수가 동의하는 이익이 선으로 규정될 수밖에 없고, 이것을 제도적으로 뒷받침 한 것이 다수결의 원칙이다.

승가에도 대립하는 사안에 대해 출가자들이 투표로 결정하는 다수결의 원칙이 존재한다. 7멸쟁법(滅諍法) 가운데 하나인 다인어(多人語)인데, 율에 따라 다멱비니(多覓毘尼)라 표현하기도 한다. 율장에 의하면, 승가에서 발생할 수 있는 쟁사(諍事)는 4종으로 각 쟁사의 내용에 따라 7가지 해결법이 있다. 이 다인어는 주로 법과 율에 관한 해석의 차이를 둘러싸고 발생한 쟁사에 적용되는 것으로, 기본적인 멸쟁법으로 의견 조정에 실패했을 경우 투표를 통해 쟁사를 가라앉히고자 하는 방법이다.

그런데 이 방법은 투표를 통해 다수의 의견을 채택한다는 점에서 일견 현대의 다수결 방법과 유사하지만, 양자 사이에는 근본적으로 다른 점 하나가 있다. 그것은 다인어의 경우, 무조건 다수의 의견을 채택하는 것이 아닌, 반드시 '여법설자(如法說者)들의 의견'이 다수가 되었을 때만 그 결과를 받아들인다는 사실이다. 이때 여법설자인가 아닌가를 판단하는 인물은 바로 승가의 갈마를 통해 엄격한 기준 하에 선발된 행주인(行籌人), 즉 투표를 실행하는 사회자이다. 이 행주인은 자신이 여법설자라고 판단한 비구들에게 유리한 결과가 돌아가도록 투표 결과를 이끌어 갈 수 있는 절대적인 권한을 지니게 된다.

예를 들어《마하승기율》에서는, 투표결과 비법설자의 수가 많으면 해산시켜야 하는데, 만약 비법설자들이 그것을 눈치채고 해산하지 않으려고 하면 정사 근처의 빈집에 불을 놓아 모두 흩어지게 한 후, 그 틈을 타서 다시 근처에 사는 여법설자들을 불러 모아 투표를 해야 한다고까지 기술하고 있다. 다수의 여법설자에 의해 해결된 쟁사의 결과만을 유효한 것으로 받아들이겠다는 강고한 입장이다.

다수의 의견을 채택한다고 하면서 사실은 행주인이라는 특정한 비구의 의견을 절대적으로 반영하는 이 방법은 한 개인의 판단에 지나치게 의존한다는 점에서 일견 공정하지 못하게 느껴지며, 또 그로부터 야기될 위험성도 아주 배제할 수는 없다. 그러나 승가는 부처님이 남긴 법과 율을 최고의 선으로 삼고 수행해 나가는 공동체이다. 따라서 아무리 다수의 의견일지라도 비법비율(非法非律)일 경우에는 타협하고 받아들여서는 안 되며, 아무리 소수의 의견일지라도 교법과 율에서 그 근거를 찾을 수 있을 때는 소수가 다수를 적극적으로 설득해 나가는 용기로 공동체를 올바른 방향으로 이끌어 가야 한다. 이런 의미에서 승가 다수결의 원칙인 다인어야말로 특별한 기준 없이 다수의 의견이 소수의 의견을 지배해 버리는 현대의 다수결에 비해 '여법(如法)' 위에서 화합을 실현해 나가고자 하는 승가 공동체의 이념이 잘 반영된 멸쟁법이라 생각된다.

이 다인어라는 멸쟁법을 통해 우리는 승가에서 법과 비법, 율과 비율을 명확히 구분하여 승가공동체를 올바른 방향으로 이끌어 갈 수 있는 지도자의 존재가 얼마나 중요한가를 새삼 느끼게 된다. 어떤 경우에도 탐·진·치나 두려움과 같은 삿된 감정에 사로잡혀 비굴하게 사욕을 부리지 않고, 오로지 법과 율에 근거하여 냉철하면서도 올바른 판단을 내릴 수 있는 사람, 그리하여 주위 사람들로부터 존경과 신뢰감을 잃지 않고 항상 빛을 발하는 사람, 그런 훌륭한 지도자가 곳곳에서 승가 공동체를 이끌고 있다는 안도감을 얻고 싶은 때이다.

22. 참회

—반성과 용서를 통해 갈등을 해소하는 화해법

자신의 죄를 인정하고 참회하는 것과 자신과 대립하며 비방과 욕설을 늘어놓는 남의 허물을 덮어 진정으로 이해하고 용서하는 일 가운데 어느 쪽이 더 어려울까? 쉽게 대답이 나오지 않는 질문이지만, 다른 사람에 대한 진정한 용서가 처절한 자기반성을 거치지 않고는 이루어질 수 없는 일이라는 점을 감안한다면, 스스로에 대한 반성과 남에 대한 이해라는 이 두 가지 조건을 모두 갖추어야 실현 가능한 후자 쪽이 조금 더 어려울까 싶다.

승가에서 발생한 쟁사를 해결하는 일곱 가지 방법 가운데 여초부지법(如草覆地法)이라 불리는 멸쟁법이 있다. 마치 바람에 풀이 옆으로 누워 땅을 덮듯이 서로 용서하고 화해함으로써 다툼을 가라앉힌다는 의미에서 이렇게 불린다. 풀로 땅을 가려 그 위를 지나다니는 자로 하여금 더러워지지 않도록 하는 것처럼, 다툼을 참회로 가려 수행자를 청정하게 하고자 하는 이 방법은, 스스로에 대한 성찰과 남에 대한 용서를 기반으로 서로의 결점을 참회하고, 다툼 그 자체 및 이에 수반되어 발생한 모든 죄를 화해로 해소하고자 하는 일종의 화해법이라 할 수 있다.

범계 여부를 둘러싸고 승가에서 다툼이 발생하여 갈마를 통해 해결을 시도하는 과정에서 원고와 피고, 혹은 쟁론하는 두 파 사이에 의견 대립이 생겨 서로 감정이 격해질 대로 격해진 결과, 헐뜯고 비방하고 폭력을 휘두르는 등 온갖 범계 행위를 서슴지 않는 사태에까지도 이를 수 있다. 이런 경우 만약 이대로 두었다가는 승가 분열이라는 큰 혼란에 빠질 위험이 있다고 판단된다면, 승가는 방관하지 말고 적극적으로 나서 양쪽의 감정을 가라앉혀 양쪽 스님들에게 여초부지법으로 사태를 마무리 지을 것을 권해야 한다.

이 제안이 받아들여지면, 쟁론하던 양쪽 스님들이 모두 한 곳에 모인 후 한쪽 파의 스님 중에서 대표 격인 한 스님이 나와 현재의 심각한 상황을 고하며 범계 행위를 발로참회하고, 자신을 비롯한 승가 구성원들의 이익을 위하여 모든 죄를 덮고 이 쟁사를 여초부지에 의해 해결할 것을 제안한다. 다른 파의 스님도 마찬가지이다. 이 제안이 양측 스님들에 의해 받아들여지면, 풀로 땅을 덮듯이 서로의 결점을 참회함으로써 다투던 전원이 화해를 통해 청정성을 회복하는 여초부지법이 성립하는 것이다.

이와 같이 승가의 기능이 마비될 정도로 대립이 심한 경우, 몇 가지 중죄를 제외한 비교적 가벼운 죄는 양자가 화해하고 모든 것을 불문(不問)에 붙이는 방법으로 다툼을 가라앉히는 것이 여초부지법이다. 여초부지법이 적용될 수 없는 죄란 바라이나 승잔과 같은 중죄 및 재가상응죄(在家相應罪)라 불리는 일련의 죄이다. 왜냐하면, 바라이나 승잔은 매우 중대한 죄로 각각 부과되는 벌이 있으며, 재가상응죄는 재가자에게 폐를 끼친 죄로 재가자가 문제의 스님의 참회를 인정하고 용서하지 않는 한 죄로부터 벗어날 수 없기 때문에 이들 경우에는 승가가 마음대로 덮어버리는 방법으로 해결할 수는 없는 것이다.

한 번 격해진 감정은 마치 마른 장작에 불 옮겨 붙듯 한 순간에 상대방에 대한 정체 모를 미움과 원망으로 온 몸과 마음을 혼란스럽게 한다. 한번 타오른 불길은 좀처럼 사그라지지 않고 욕설과 폭력 등으로 자신과 남에게 깊은 상처를 남길 뿐이다. 이때 사태의 본질을 직시하고 자신과 상대방의 잘못된 행동을 여실하게 들여다 본 후 승가의 안정이라는 대의를 위해 진심으로 참회하고 수습할 수 있는 자세는 승가공동체의 일원이라면 누구나 반드시 갖추어야 할 덕목이다.

250여 개의 조문으로 구성된 비구 바라제목차의 말미를 여초부지법으로 마무리 짓는 이유도, 대립하는 상대방을 진정으로 이해하고 용서하며, 서로의 결점을 덮어 보완해 주는 것이야말로 수행자로서의 인격 완성의 극치라는 점을 보여주고자 한 것이라고 생각된다.

23. 범단법(梵壇法)

고따마 싯다르타가 29세의 나이에 출가를 결심하고 성을 넘었다는 전승은 출가유성이라는 이름으로 부처님의 일대기 가운데서도 중대한 의미를 지니는 사건으로 꼽힌다. 왕궁에 남아 전륜성왕의 길을 가기를 바라는 부왕과 애타는 처자식의 바람을 뒤로 한 채 출가자로서 최고의 깨달음을 추구하는 삶을 선택한 순간이었다. 여러 전승에 의하면, 싯다르타 태자는 한밤중에 챤나라는 마부에게 명하여 애마인 깐타까를 뜰로 데리고 오게 한 후 그 말을 타고 성문을 나가, 교외에 있는 한 숲에 도착하자 보의(寶衣)를 벗어 챤나에게 주며 성으로 돌아가도록 했다고 한다. 바로 이 이야기 속에 등장하는 마부 챤나가 율장에서는 바일제 제12조 이어뇌타계(異語惱他戒) 및 범단법(梵壇法)과 같은 중요한 율 조문 제정의 계기를 제공하는 주인공으로 곳곳에서 등장한다.

챤나는 훗날 출가하여 승가의 일원으로 살아가게 되었는데, 부처님이 속세 생활을 할 때부터 자신과 특별한 인연이 있음을 내세우며 매우 교만하게 행동했다. 즉 자신의 도움으로 싯

다르타 태자의 출가가 가능했으며, 이 사건으로 말미암아 태자가 깨달음을 얻어 붓다가 될 수 있었고, 또 많은 제자들의 깨달음 역시 가능해졌다는 생각을 갖고 있었다. 그래서 항상 자만심을 버리지 못한 채 다른 제자들을 무시하고 거친 말과 행동을 일삼았다. 율을 어기는 일도 많았고, 또 어겨도 참회하지 않았기 때문에 징계갈마의 대상이 되곤 했다. 게다가 갈마를 통해 이루어지는 정식 질문에 대해서조차 불성실한 태도로 일관하여 다른 스님들을 괴롭혔다.

어느 날 부처님께서 꼬삼비라는 나라에 있는 한 원림에 머무르고 계실 때의 일이다. 챤나는 비법을 행하며 율을 어겨 스님들로부터 갈마를 통해 힐문당하고 있었다. 그런데 챤나는 자신의 죄를 인정하고 참회하기는커녕 다른 스님들을 경멸하며 질문 받아도 엉뚱한 궤변을 늘어놓거나 침묵을 지키며 대꾸하지 않는 등 매우 불성실한 태도로 스님들을 곤란하게 했다. 즉 '누구에게 죄가 있는가? 무엇이 죄인가? 어디에 죄가 있는가? 어찌하여 죄인가? 당신들은 누구에게 말하고 있는가? 당신들은 무슨 소리를 하고 있는가?'라며 반론을 거듭하다가 궤변을 늘어놓는 행동을 문제 삼자 이번에는 침묵으로 일관했다. 이 사건을 계기로 이어뇌타계가 제정되었다고 한다. 이어(異語)란 질문이나 충고에 대하여 엉뚱한 대답을 하는 것으로, 방금 전에 한 말을 다시 뒤집어 다른 말을 늘어놓거나 궤변을 설하는 것을 말한다.

찬나의 행동은 바일제죄의 대상으로 정해져 금지되었지만, 그는 조금도 개선의 여지를 보이지 않은 채 이전처럼 행동하며 다른 스님들을 난감하게 했다. 사실상 바일제죄란 본인의 참회만 있다면 언제라도 출죄(出罪)할 수 있는 것으로, 강력한 제재력은 없다. 결국 부처님께서는 열반에 가까워졌을 무렵, 아난존자에게 다음과 같은 유언을 남기셨다.

"아난아, 내가 가고 난 후 찬나 비구에게 범단법을 실행해라."

아난이 범단법의 내용을 묻자, "찬나 비구가 마음대로 떠들게 내버려 두어라. 그러나 비구들이 그에게 말을 걸어서는 안 된다. 훈계해서도 안 된다. 교계해서도 안 된다."라고 설명하셨다. 즉 찬나가 무슨 말을 떠들어대든 대꾸도 하지 말고 잘못을 일깨워주기 위해 가르침을 주고자 애쓸 것도 없다는 의미이다.

서로가 거울이 되어 스스로를 돌아보고 이끌어주는 과정을 통해 올바른 수행자로 거듭나는 과정을 거치는 승가 공동체의 특성을 고려한다면, 이 범단법의 조치는 승가의 마지막 경고라고 볼 수 있다. 아니 이것이 어찌 승가만의 문제이겠는가. 어느 단체의 일원으로서든, 혹은 개인과 개인의 관계에서든 사람과 사람이 마주하고 살아가는 세상이라면, 상대방의 말에 귀 기울여 자신의 행동을 돌아볼 수 있는 최소한의 성실함은 반드시 필요한 덕목일 것이다.

24. 오해받을 행동을 하지 마라

필자가 일본에서 유학 생활을 할 때, 같은 연구실에는 남방 불교국가에서 온 스님들이 몇 명 있었다. 눈에 띄는 가사의 색은 말할 것도 없거니와, 특히 옷인지 아니면 그저 큰 천을 온몸에 둘둘 말고 있는 것인지 알 수 없는 그들의 야릇한 외모는 주위사람들의 시선과 관심을 끌기에 충분했다. 가끔 이들의 가사에 호기심을 느낀 여학생들이 손으로 여기 저기 만져보기도 하고, 심지어는 확 들춰보기도 했다. 그럴 때마다 소스라치게 놀라며 뒤로 물러서는 그 스님들의 모습이 지금도 눈에 선하다. 지금 생각해 보면 무지한 이국인들의 참으로 철없는 행동들이었구나 싶다.

잘 알려진 바와 같이, 불교에서는 남녀 간의 성적 행위에 대해 매우 엄격한 입장을 취한다. 가장 대표적인 것이 바라제목차 조문의 첫 번째를 장식하는 음계(婬戒)이다. 비구(니)가 실제로 음욕법을 저지르면 승가로부터 추방되어 두 번 다시 구족계를 받을 수 없게 된다. 그러므로 이와 같은 상황에 이르는 것을 미연에 방지하기 위한 목적에서 제정된 관련 조목들도 많다. 승가의 경우, 비구와 비구니가 접할 일이 많고, 또 재가신자와의 접촉도 흔한 일이므로, 사전에 주의를 기울이는 노력 역시 중요하기 때문이다.

예를 들어, 승잔죄 가운데 하나인 촉여신계(觸女身戒)는 비구가 욕정에 휩싸여 여성의 신체에 접촉하는 것을 금지하는 조문이다. 손을 잡거나 머리를 만지는 등 여성의 신체 어느 부위에도 접촉해서는 안 된다. 이 조문의 제정 인연담에 의하면, 우다이라는 스님이 아란야에 훌륭한 정사를 짓고 살고 있었다. 어느 날 바라문 부부가 그곳을 방문하여 정사를 구경하기를 희망했다. 우다이 스님은 바라문 부부를 불러들여 내부를 안내하며 설명하고 있었는데, 그때 바라문 부인의 뒤를 돌며 그녀의 신체 곳곳을 만졌다. 바라문은 전혀 알아차리지 못한 채, 아란야에 머무르며 수행에 힘쓰는 우다이 스님을 존경하며 칭찬했다. 그러자 그의 부인은 자신이 겪은 불쾌한 일을 전했고, 화가 난 바라문은 우다이 스님을 격렬하게 비난했다. 결국 이 일을 계기로 부처님께서는 어느 부위를 막론하고 비구가 여인의 신체에 접촉하는 것을 엄격하게 금지하셨다고 한다.

설사 욕정에 휩싸인 마음이 아니더라도, 사람과 사람이 만나다보면 상대방의 신체에 자신도 모르게 접촉하는 경우도 발생할 수 있을 것이다. 남방불교국가의 스님들이 외출할 때 승가리의(僧伽梨衣)라 불리는 큰 천으로 된 옷으로 전신을 두루두루

두르듯 입어 발목부터 위, 목으로부터 아래를 옷으로 덮고 양손도 옷 안으로 넣고 다니는 것도 이와 같은 상황을 미연에 방지하여 오해의 소지를 남기지 않기 위한 의도를 담고 있는 것이라고 생각된다. 이런 주의 깊은 행동 하나 하나에 상대방 역시 경외심을 지니고 조심하고자 하는 마음을 갖게 되는 것이다.

이외에도 성(性)에 관한 말을 여인에게 건네는 행동을 금지하는 추악어계(醜語戒) 역시 여인들과 음란한 잡담을 나눔으로써 발생할 수 있는 적절하지 못한 상황을 피하고자 한 것이다. 한편 여인과 단 둘이 앉아 있는 것만으로도 죄가 된다. 병처여인좌계(屛處女人坐戒)에 의하면, 담 등으로 가려져 외부로부터 잘 보이지 않는 곳에 여인과 비밀스럽게 앉아 있는 행동만으로도 죄가 된다. 가려진 곳뿐만 아니라 드러나 있는 곳이라도 여인과 단 둘이 앉아 있으면 죄가 된다. 이는 일반 여인뿐만 아니라 비구니에게도 적용되는 것으로, 비구와 비구니가 단 둘이 앉아 있는 것은 바일제죄의 대상이다.

"과전불납리 이하부정관(瓜田不納履 李下不整冠), 외밭에서는 신발을 고쳐 신지 말고, 오얏나무 아래서는 갓을 바로 잡지 말라."는 말도 있듯이, 진정 자신의 언행을 다스려 올바르게 살아가려는 의지가 있는 사람이라면, 매사에 신중하게 행동하여 쓸데없이 의심 살 만한 상황은 만들지 않는 지혜가 필요하다.

25. 현대사회의 화두
— 생명

종교는 구제나 해탈과 같은 초월적인 차원의 문제를 지향하며 오랜 시간 인간의 삶과 관련되어 왔지만, 현대사회는 인간의 삶을 둘러싸고 발생하는 갖가지 상황에 대해 종교가 좀 더 구체적이고 현실적인 해답을 제시해 주기를 원한다. 환경파괴, 인종차별, 전쟁, 낙태, 자살, 어디 이뿐인가? 최근 한국사회에서도 큰 관심거리가 되었던 광우병이나 조류 인플루엔자와 같은 현상을 통해서도 드러나듯이 이제는 인간만이 아닌 인간과 가축의 공존에 대해서도 종교의 가르침이 절실하게 요구되고 있다.

그런데 현대사회가 안고 있는 갖가지 문제들은 다름 아닌 '생명'이라는 하나의 단어로 압축될 수 있을 것 같다. 생명을 경시하는 태도가 불러일으킨 비극이 곳곳에서 다른 이름으로 일어나고 있을 뿐인 것이다. 이런 점에서 생류(生類)가 안고 가야 할 생로병사의 근원적 괴로움을 직시하고 이로부터 벗어나는 가르침을 제시하는 불교의 경우, 현대사회가 고민하는 문제에 대해 좀 더 체계적인 해답을 줄 책임을 안고 있다.

불교의 경우에는 교리 전반에 걸쳐 생명의 문제가 중요한 주제로 등장하는데, 율장에서도 사람의 목숨을 빼앗는 행위를 금지하는 바라이 제3조 단인명계(斷人命戒)를 비롯하여, 살아 있는 생명의 목숨을 함부로 하거나 빼앗는 행위를 금지하는 많은 조문들이 실천적인 문제로서 제시된다. 그러나 여기서 우리는 잠깐 주춤하게 된다. 왜냐하면 고대인도와는 달리, 이미 우리는 어떤 의미에서 완전한 불살생은 실현 불가능한 시대에 살고 있기 때문이다. 청결과 위생이라는 미명하에 수도 없이 제거되어 가는 많은 미생물들, 문명의 발달과 함께 개발이란 이름으로 자행되어 온 온갖 환경파괴로 인한 살생, 오랜 세월 인간의 미각을 만족시켜 온 육식 문화 등 이런 생활에 익숙해진 현대인에게는 이미 생명을 해친다는 죄의식조차 존재하지 않는 것이 사실이다. 이런 환경 속에서 목청 높여 불살생을 외쳐본들 이는 허공에 울리는 메아리로서 끝날 뿐이다.

그렇다면 현대사회에서 불살생의 의미를 살릴 수 있는 방법은 무엇일까? 바라제목차 조문 가운데 탈축생명계(奪畜生命戒)라는 것이 있다. 고의로 축생의 생명을 끊는 행위를 금지하는 내용이다. 부처님 당시, 우다이라는 스님이 있었는데 그는 출가하기 전에 원래 궁사였다. 그런데 까마귀를 매우 싫어했다. 결국 출가한 후에도 까마귀란 까마귀는 보이는 대로 활을 쏘아 떨어뜨린 후, 머리를 잘라 꼬치에 차례대로 끼워두는 엽기적인 행동을 했다. 다른 스님들이 이 모습을 보고 기겁하며 부처님께 알렸고, 이를 계기로 이 조문이 제정되었다고 한다.

이 조문을 통해 알 수 있듯이, 살생이라는 행동 그 자체는 물론, 특히 그 악행 뒤에 고의성이 존재하는가의 여부가 매우 중요한 잣대로 제시되고 있음을 알 수 있다. 이는 생물이 있다는 사실을 알면서도 그 물을 마시는 행위를 금지하는 음충수계(飮蟲水戒)의 경우도 마찬가지이다. 똑같은 행동일지라도 그 안에 고의성이 있는가 없는가가 범계 성립의 중요한 요건으로 등장하는 것이다. 앞에서도 언급한 바와 같이, 이미 우리는 철저하게 살생을 피할 수 없는 시대를 살고 있다. 그렇다면 이제 남겨진 최선책은 우리들의 마음이 살생이라는 행위에 익숙해져 그 옳고 그름도 분간하지 못하는 상태로 퇴보하지 않도록 노력해야 한다는 것이다. 먹지도 않을 생선을 취미삼아 낚고, 자신에게 아무런 해도 주지 않는 사람이나 동물을 단지 재미삼아 혹은 싫다는 이유로 괴롭히고 목숨을 빼앗고, 또 자신의 이익을 위해 다른 사람의 생명을 유린하는 행동과 같은, 적어도 살생 그 자체를 즐기며 다른 자의 괴로움에 무관심한 행동만은 삼가려는 마음가짐이 필요하다.

하나의 생명체가 이 세상에 태어나는 과정을 돌이켜 보자. 그 속에 담긴 경이롭고도 강한 생명의 힘을 느낀다면, 어떤 종류의 생물체에 대해서든 경외심을 가지게 될 것이다.

제3부

윤리적인 삶

❁ 1. 싱갈라에게 가르친 경

행복한 삶이란 무엇일까? 어떻게 사는 것이 진정 올바른 삶일까? 재가불자로서, 아니 그 이전에 한 인간으로서 우리는 어떤 삶을 살아야 하는 것일까?

이런 의문에 대해서 구체적인 가르침을 주는 경전이 있으니, 바로 《싱갈라에게 가르친 경(Siṅgālovāda-suttanta)》이다. 《디가니까야》 제31경에 해당하는 이 경전에 대해, 5세기경 남방불교의 대학자인 붓다고사는, "이 경전에서는 가장(家長)이 반드시 실천해야 할 모든 행위를 설하고 있다. 이 경전을 가장의 율이라 하니, 만약 이 경전을 듣고 그 가르침대로 실행한다면, 번영만이 있으며 쇠퇴는 없다."라고 그 중요성을 강조하였다.

이 경은 지금도 남방불교국가에서는 세속인을 위한 삶의 지침을 담은 대표적인 경전으로서 매우 중시되고 있다.

내용은 조금 차이가 있지만, 《장아함경》 권11의 《선생경(善生經)》, 《중아함경》 권33의 《선생경》 《선생자경(善生子經)》 《시가라월육방예경(尸迦羅越六方禮經)》 등의 한역으로도 다수 남아 있는 것으로 보아 이 경전은 중국에서도 중시되었음을 엿볼 수 있다.

이 경전의 주된 내용은 두 가지이다. 하나는 인간관계에 관한 가르침이며, 또 하나는 스스로 올바른 인생을 살아가는 방법에 관한 가르침이다. 스스로 올바른 길을 걷고, 이를 바탕으로 주변 사람들과 좋은 관계를 맺는 것, 이것이야말로 행복한 삶인 것이다.

아버지의 유언을 받들어 뜻도 모른 채 매일 목욕재계하고 육방(六方)으로 예배하는 일을 반복하는 싱갈라라는 자산가의 아들이 있었다. 어느 날, 그의 모습을 보신 부처님께서는 진정한 육방에 대한 예배란 자신을 둘러싼 사람들에게 최선을 다하는 것이라고 설하신다.

정성들여 종교의례를 행하듯 자신을 둘러싼 모든 사람들을 섬기고, 그 결과 좋은 인간관계를 형성하는 것, 이보다 더 큰 행복과 기쁨이 어디 있겠는가. 부모와 자식, 스승과 제자, 부부, 친구, 고용인과 피고용인, 종교인과 일반인 등 이들이 서로 상대방에게 예의를 지키며 조화롭게 살아가는 것은 곧 자신의 행복이자, 자신이 속한 이 사회 전체가 번영하는 길이다. 그런데 올바른 인간관계를 형성하기 위해서는 먼저 자신의 심신을 가다듬을 필요가 있으니, 그 구체적인 내용이 바로 14가지 악행으로부터의 이탈이다. 이것이 제대로 실천되었을 때 비로소 올바른 인간관계의 실현이 가능해진다고 한다. 스스로를 잘 다스려 행복과 평안으로 이끌지 못하는 사람은 결국 다른 사람과의 관계에서도 좋은 결과를 얻지 못한다는 의미일 것이다.

버려야 할 14가지 악행이란, 네 가지 행위의 더러움, 네 가지 악한 행위, 재산을 잃어버리는 여섯 가지 문으로 구성된다. 먼저 네 가지 행위의 더러움이란, 살아있는 것을 죽이는 행위의 더러움, 주어지지 않은 것을 취하는 행위의 더러움, 애욕에 관한 잘못된 행동이라는 행위의 더러움, 거짓말을 한다고 하는 행위의 더러움이다. 네 가지 악한 행위란, 탐욕·분노·무지·두려움에 의해 잘못된 길을 가는 자가 각각 저지르게 되는 나쁜 행동을 일컫는다. 재산을 잃어버리는 여섯 가지 문이란, 술 등 게으름의 원인이 되는 것이나, 때가 아닌 때에 거리를 방황하며 노는 것, 춤이나 무용 등의 볼거리, 도박 등 게으름의 원인이 되는 것, 나쁜 친구, 게으름이라고 하는 이 여섯 가지 악한 요소에 빠져 탐닉하는 것이다.

오계 등 일반적으로 잘 알려진 계의 내용과 유사하면서도 인간이 저지를 수 있는 악행을 좀 더 체계적으로 분류하고, 또 구체적으로 묘사하고 있다는 점에 이 경전의 특징이 있다. 혹시 아직 접해본 적이 없다면 부디 꼭 한번 음미해 볼 것을 권한다.

자기 자신, 그리고 자신을 둘러싼 사람들이 모두 행복하게 살아갈 수 있는 길을 발견할 수 있을 것이다.

❁ 2. 부모와 자식, 그 소중한 인연

"우리는 자식들이 태어나는 것을 기뻐하고, 또 그들의 성장을 기원했건만, 그들은 처와 짜고 우리를 돼지처럼 내모는구나. 예전에는 우리를 '아버지, 어머니'라고 불렀건만, 알고 보니 자식의 모습을 한 악귀였구나. 그들은 나이든 우리를 버렸다. 늙어 아무런 쓸모없이 되어버린 말이 음식을 얻지 못하듯, 우리 늙은이들은 타인의 집에서 음식을 구걸하는구나. 따르지 않는 자식들을 갖는 것 보다 우리에게는 지팡이가 낫다. 사나운 소도 쫓아버리고, 사나운 개도 쫓아버리고, 또 어둠 속에서는 우리 앞에 있어주고, 깊은 곳에서는 발 디딜 곳을 만들어 준다. 넘어져도 지팡이의 힘으로 다시 일어나는구나."

자식으로부터 버림받은 노인의 절망어린 슬픔이 절절하게 배어나오는 시다. 이 시는 한때 부유했던 한 바라문이 부처님을 찾아와 4명의 자식이 자신을 집에서 쫓아냈다고 울며 하소연하자, 부처님께서 그에게 가르쳐 주셨던 것으로 전해진다.

자신의 부모가 처량한 목소리로 읊어대는 이 시를 듣고, 그의 자식들은 자신들의 잘못을 깨닫고 늙은 아버지를 집으로 데려가 정성껏 모셨다고 한다. 고대 인도사회에서도 병들고 늙은 부모가 버림당하는 일이 종종 있었던 것 같다. 이 시는 당시 많은 사람들의 입을 통해 전해졌다고 한다.

부처님께서는 아무리 노력해도 다 갚을 수 없는 사람들의 은혜가 있으니, 그것은 바로 부모라고 하셨다. 그들을 백 년 동안 업고 다닌다 해도, 혹은 칠보로 둘러싸인 나라의 왕위에 앉혀 놓는다 해도, 결코 그 은혜는 다 갚을 길이 없다. 왜냐하면, 그들은 우리들을 이 세상에 존재하게 해준 사람들이자, 우리를 보호하며 양육해왔기 때문이다. 따라서 올바른 사람은 항상 부모의 은혜를 잊지 않고 그들에 대한 존경과 부양에 최선을 다해야 한다고 하셨다.

《싱갈라에게 가르친 경》에 의하면, 자식이 부모에 대해 지녀야 할 마음가짐이 있으니, 첫째 부모님이 우리를 길러주셨으니, 이제 우리가 부모님을 돌보며, 둘째 부모님들을 위해 해야 할 일을 하며, 셋째 가계를 존속시키고, 넷째 재산상속을 하며, 다섯째 때때로 선조에게 적당한 공물을 바친다는 다섯 가지이다.

그들이 어린 우리를 소중히 양육하여 지금의 내가 있게 해주었듯이, 이제 늙고 병들어 아무것도 할 수 없는 그들을 정성껏 돌보고, 그들이 온 생을 바쳐 가꾸어 온 가계를 이어받아 단절되지 않도록 하겠다는 결심이다. 재산상속을 한다는 것은, 부모의 뜻을 거스르지 않는 착한 자식이 되겠다는 결심이라고 한다. 왜냐하면, 당시 부모들은 자신의 가르침을 잘 따르지 않는 자식에게는 단호하게 상속을 거부하고, 가르침에 잘 따르는 올바른 자식을 재산의 주인으로 했기 때문이다.

한편, 부모는 다음 다섯 가지 방법으로 자식을 사랑한다고 한다. 즉 악(惡)으로부터 멀어지게 하고, 선(善)으로 들어가게 하며, 기능을 익히게 하고, 적당한 처를 맞이하게 하고, 적당한 시기에 상속시킨다. 즉 자식의 행동을 잘 살펴 옳고 그름을 가르치고, 제대로 된 교육을 시키고, 적당한 시기가 되면 좋은 배우자를 얻을 수 있도록 조언해 준다는 것이다. 적당한 시기에 상속시킨다는 것은, 자식이 좋은 일을 할 수 있도록 또 발전할 수 있도록 자신의 능력껏 물질적으로 도와주는 것을 의미한다.

부모와 자식, 이 세상에 이 보다 더 깊고 소중한 인연이 또 있을까? 그런데 그 소중함이 망각된 채 서글픈 관계로 전락해 버리는 경우를 종종 보게 된다. 아무리 좋은 인연도 서로 노력하지 않으면 삐걱거릴 수밖에 없다. 서로서로 좀 더 상기하고 좀 더 노력해야 한다. 부모가 내게 있어 어떤 존재이며, 자식이 내게 있어 어떤 존재인가를, 그리고 내가 그들의 행복을 위해 무엇을 해 줄 수 있는가를.

3. 좋은 친구란

헤아려 보니, 그 동안 '친구'라는 이름으로 만난 이들이 두 세 자리 숫자로는 모자랄 만큼 많은 것 같다. 친구란 생각하기에 따라 정말 폭넓게 적용될 수 있는 말이다.

나이, 성별, 신분, 국적 등 아무 상관없다. 서로 친근감 내지 호감을 느껴 마음을 트면 그것이 친구인 것이다. 예전에 어떤 선생님이 자신의 지인들에게 필자를 소개하며 '내 친구 이자랑 선생이야'라고 했다. 10살이 훨씬 넘는 나이 차이는 놔두고라도, 그 훌륭한 학문적 성과에 평소 존경의 마음을 갖고 우러러보는 대상이었기에 순간 몹시 당황스러웠다. 동시에, 자신의 제자를 스스럼없이 남에게 친구라는 말로 소개할 수 있는 그 분의 마음 폭에 적지 않은 감동을 느꼈던 순간이기도 했다.

이제 와 돌이켜 보면, 그 말은 서로 간에 존재하는 어색함과 어려움을 상당히 완화시켜 주었고, 이후 필자는 그 선생님과 좀 더 거리낌 없는 학문적 대화를 나눌 수 있었던 것 같다. 바로 친구라는 말이 갖는 놀라운 힘의 영향이었던 것이다.

이렇듯 친구란 우리의 삶 곳곳에서 예기치 않게 나타나 서로에게 깊은 영향을 남기게 된다. 어떤 시기에 어떤 사람을 친구로 만나는가에 따라 때로는 인생이 180도 바뀌는 일도 있다. 따라서 가능하면 자신의 인생을 좋은 방향으로 이끌어 줄 좋은 친구를 만나고 싶다.

그리고 자신 역시 다른 이에게 그런 친구이고 싶은 것이다. 좋은 친구와의 적극적인 교제는 불교경전에서도 종종 설하는 바인데, 특히 《싱갈라에게 가르친 경》에서는 인생에서 절대로 가까이 해서는 안 될 것 가운데 하나로 나쁜 친구를 들며, 좋은 친구와 나쁜 친구를 구별하는 가르침을 설하고 있다.

먼저 나쁜 친구의 특징은 첫째, 무엇이든 빼앗아가는 자이다. 적게 주고 많이 가져가려 하거나 혹은 자신의 이익만을 추구하는 자이다. 둘째, 말 뿐인 자이다. 과거나 미래의 일에 대해서만 우정을 내세우고, 정작 무슨 일이 생기면 꽁무니를 빼는 자이다. 셋째, 아부하는 자이다. 상대방이 옳지 못한 일을 하려 할 때는 이에 동의하고, 좋은 일을 하려 할 때는 동의하지 않으며, 앞에서는 칭찬하고, 뒤에서는 욕하는 자이다. 넷째, 나쁜 장소에 출입하는 자이다. 술이나 도박에 빠져 있을 때, 혹은 길거리를 헤맬 때 만난 자이다. 이런 특징을 지닌 자들은 친구를 가장한 적이라고 한다.

그러나 좋은 친구란 첫째, 도와주는 친구이다. 친구가 무기력할 때 지켜주고, 두려움에 떨고 있을 때 의지처가 되어 주는 자이다. 둘째, 즐거울 때나 괴로울 때나 변함없는 친구이다. 친구에게 비밀을 털어놓고, 또 친구의 비밀은 지켜주며, 역경에 빠져서도 결코 친구를 버리지 않으며, 친구를 위해서 목숨까지도 버릴 수 있는 자이다. 셋째, 진정으로 상대를 위한 일이라 생각하며 말해주는 친구이다. 악을 막아주고, 선으로 들어가게 해 주며, 아직 듣지 못한 것을 말해주고, 천상에 이르는 길을 들려주는 자이다. 넷째, 동정해 주는 친구이다. 친구의 몰락을 기뻐하지 않으며, 친구의 번영을 기뻐한다. 다른 사람들이 친구를 욕하면 변호해 주고, 다른 사람들이 친구를 칭찬할 때는 그 이상으로 칭찬해 주는 자이다. 이런 네 가지 종류의 사람을 친구로 두었다면, 마치 어머니가 자신의 자식을 생각하듯, 몸과 마음을 다해 그를 소중히 해야 한다고 한다.

좋은 친구와 나쁜 친구, 처음부터 명확하게 그 구별이 가능한 경우도 있지만, 대부분은 만남을 지속해 가는 과정에서 드러나는 것 같다. 만남 속에서 서로가 주고받은 마음과 언행이 두 사람의 관계를 선연(善緣)으로, 혹은 악연(惡緣)으로 만들어가는 것이다. 상대방이 마음속의 깊은 문을 열어주기를 바라기 전에, 먼저 자신부터 활짝 문을 열고 넓은 가슴으로 친구를 감싸 안고 듬뿍 애정을 주자. 어느 날 문득 자기 앞으로 성큼 다가서서 웃고 있는 좋은 친구를 발견하게 될 것이다.

4. 고용주와 근로자의 윤리

최근 우리 사회의 노사관계가 비정규직문제로 심한 몸살을 앓고 있다. 정부는 비정규직을 보호하기 위하여 비정규직으로 2년을 근무하면 정규직으로 전환해야 한다는 법률을 제정 시행하였다. 하지만 기업은 임금부담을 이유로 2년이 되면 일방적으로 계약해지를 통고하여 사실상 해고 하는 편법을 취했고, 이에 대해 근로자들이 파업과 집단행동으로 대항하는 사태가 벌어진 것이다. 지금처럼 취업이 낙타가 바늘구멍을 통과하기보다 어려운 상황에서는 기업은 정규직 전환보다는 계약 해지를 통고하는 방식을 택하는 경우가 많을 것이다. 이러한 현실을 고려하면 법률만으로 비정규직 문제 해결을 기대하기 어렵고, 기업주와 근로자의 대립적이고 갈등적인 관계를 해소하고 상생 관계를 정착시킬 보다 근본적인 인식의 전환이 요구된다.

부처님께서는 고용주와 근로자의 관계를 상호의무적인 인륜관계로 보고, 서로가 종교적인 겸허한 심정으로 고용관계에 수반되는 대립과 갈등을 없애라고 설하셨다. 《싱갈라에게 가르친 경》에 의하면, 고용주는 근로자에 대해 다음 5가지 의무를 준수하며 봉사해야 한다. 첫째, 능력에 맞게 일을 배분해야 한다. 이것은 현 시점에서 생각하면, 미성년자에게 과도한 일을 부과한다든지 여성에게 위험한 일을 시켜서는 안 되는 것 등이다. 둘째, 식료와 급료를 주어야 한다. 근로자가 생활하기에 적당하게 식료와 비용을 주어야 한다는 것이다. 셋째, 아플 때 간병해 주어야 한다. 건강하지 않을 때 일을 시키지 않고 쾌적한 물품과 약품 등을 제공하며 간병해야 한다는 것이다. 넷째, 맛있고 귀한 식료를 나누어 주어야 한다. 진미의 음식을 고용주가 먹지 않고 근로자에게 나누어 준다면 고용주와 근로자 사이의 감정적인 대립은 없을 것이다. 다섯째, 적당한 때에 휴식을 주어야 한다. 일과 중에도 피로가 누적되지 않도록 하고, 명절에 포상과 함께 충분한 휴가를 준다는 것이다. 당시 인권 사상이 전무한 시대에 부처님은 고용주와 근로자를 평등한 관계로 보았으며, 나아가 강자인 고용주들에게 온정주의 입장에서 근로자에게 봉사하라고 설하신 것이다.

한편, 근로자는 다음 5가지 방법으로 고용주를 사랑해야 한다고 설한다. 첫째와 둘째는 주인보다 아침 일찍 일어나고, 늦게 잠자리에 든다는 것으로 주인에게 존경과 애정으로 봉사하라는 의미이다. 셋째, 주는 것만을 받는다. 부정한 방법이 아니라 일한 만큼 받는다는 것으로, 어느 시대에나 필요한 덕목이라 하겠다. 넷째, 일을 잘 마무리한다. 자신들의 기술로 일을 잘 마침으로써 장인으로서의 자긍심을 강조하고 있다. 다섯째, 주인의 명예와 칭찬을 말한다. 다른 사람들 앞에서 주인에 대해 비난하지 않고 주인의 덕을 말함으로써 주인에 대한 도리를 지켜야 한다는 것이다. 이러한 사랑을 통하여 고용주와 근로자의 대립감이 없어지고 이상적인 고용관계를 만들 수 있다고 설하셨다.

이상의 가르침을 비정규직 문제에 적용해 보면, 법률과 같은 기계적인 공식에 의존해서는 해결될 수 없으며, 상호 존중하는 인간의 적극적인 선의가 밑바탕에 깔려야 갈등이 해소될 수 있음을 알 수 있다. 고용주와 근로자의 대립과 갈등이 없는 고용관계란, 경쟁력만이 기업의 생존을 보장하는 경제 환경에서는 실효성이 없는 이상형에 불과하다고 치부할 수도 있을 것이다. 하지만 기업의 경쟁력은 궁극적으로 인간이 만들어낸다는 사실을 잊어서는 안 된다. 당장은 인건비의 절감이라는 효과를 거둘 수는 있지만 실업의 좌절과 눈물을 가져다주는 행위는 결국 소비자의 분노와 외면을 초래하여 도태할 수도 있다. 근로자에 대한 고용주의 온정과 근로자의 기업에 대한 충성도로 세계 제일의 기업이 된 도요타 자동차가 이를 증명해 주고 있다.

5. 사제 간의 윤리

때로는 배우는 입장으로, 또 때로는 가르치는 입장으로 오랜 세월 대학이라는 울타리 안에서 살아왔다.

선생과 제자라는 두 가지 입장을 모두 경험하며 양자의 마음을 어느 정도 이해하다 보니, 언제부턴가 그들의 시선 뒤에 담겨 있을 평가가 슬쩍 마음에 걸릴 때가 있다. 나의 스승들은 나를 어떻게 평가했을까, 또 내 학생들의 눈에 나는 어떤 선생으로 비추어졌을까 등 뭐 일종의 자기 반성 같은 것이다. 그런데 돌아볼 때마다 마음 한 구석이 찜찜한 것을 보면, 필자는 아마 좋은 학생도 좋은 선생도 아니었던 모양이다.

스스로는 변변치 못한 학생이자 선생이었지만, 운 좋게도 훌륭한 사람들과의 만남은 많았던 것 같다. 그 중에서도 특히 좋은 스승의 모범으로 삼고 있는 분이 있다. 바로 필자가 일본 도쿄(東京)대학에서 유학하던 당시의 지도교수이다. 필자가 그 분에게 깊은 신뢰감을 갖게 된 것은 아마 필자가 박사과정에 입학한 후 어느 날, 그 분이 던진 한 마디가 계기였던 것 같다. 논문 상담을 하던 중에 문득 잔잔한 미소를 띠우며 이렇게 말씀하셨다.

"자네가 언젠가 나와 대등하게, 아니 나를 앞지르는 한 명의 학자로서 우뚝 서게 될 날을 설레는 마음으로 기대하고 있네."

이제 막 연구자의 길로 접어든 필자에게 있어 그것은 최고의 찬사이자 채찍이었다. 별 생각 없이 던지신 말씀이었을지도 모르겠지만, 필자는 그 한 마디에서 스승으로서의 자신감, 그리고 제자에 대한 큰 기대감을 느꼈다. 그 후로도 제자를 자신의 종속물이 아닌 독립된 연구자로서 대하며, 때로는 자상하게 또 때로는 엄격하게 채찍질하는 모습에서 훌륭한 스승이란 바로 이런 존재가 아닐까 생각하곤 했다.

《싱갈라에게 가르친 경》에 의하면, 스승은 사랑으로 제자를 가르쳐야 하니, 첫째 예의범절 등 모든 올바른 행동에 관해 잘 가르쳐야 하며, 둘째 제자가 잘 습득한 것을 그 의미를 잊지 않고 실천할 수 있도록 방법을 제시해야 하며, 셋째 가르침을 받은 제자가 어디 가서든 자신의 기능을 발휘하여 이익과 존경을 받을 수 있도록 잘 가르쳐야 하며, 넷째 동료와 지인들에게 자신의 제자를 칭찬해야 하며, 다섯째 제자의 모든 것을 비호해야 한다고 한다.

즉 좋은 스승이란 제자에게 올바른 지식과 행을 가르치는 것은 물론이거니와, 이로부터 한 걸음 나아가 제자의 성장과 발전을 기뻐하며 적극적으로 도와주어야 한다는 것이다. 그리고 그러기 위해서는 자신의 평판 또한 중요하다. 그 제자가 어디를 가든 항상 누구누구의 제자라고 불리게 된다는 사실을 잊어서는 안 된다. 자신이 제자를 비호해 주려면 자기 관리 또한 철저해야 하는 것이다.

한편으로는 제자의 역할도 중요하다. 《싱갈라에게 가르친 경》에서는 제자는 다음 다섯 가지로 스승을 공경해야 한다고 한다. 첫째 스승이 멀리서 오는 것을 보면 자리에서 일어나 맞이하는 등 예의를 갖추어야 하며, 둘째 수업에 잘 출석하는 등 찾아가서 배워야 하며, 셋째 스승의 가르침을 신뢰하여 그 말 한마디 한마디를 놓치지 않고 들으려는 자세로 임해야 하며, 넷째 스승이 식사를 할 때 물을 가져다주는 등, 스승이 불편함을 느끼지 않도록 곁에서 잘 시중을 들어야 하며, 다섯째 오만한 마음을 버리고 항상 겸허한 마음가짐으로 지식과 기술을 배워야 한다고 한다.

스승에 대한 존경심, 그리고 제자에 대한 사랑은 강요한다고 해서 생겨나는 것은 아니다. 평소 서로가 보여주는 언행을 통해 상대방의 마음속에 자연스럽게 심어지는 것이며, 그 결과 행동으로 나타나는 것이다.

상대가 자신을 공경하지 않는다고 혹은 무심하다고 노여워하기 전에, 상대방의 눈에 자신이 어떤 모습으로 비추어지고 있는지 한 번 돌아볼 일이다.

6. 출가자와 재가자의 관계

최근 들어 생산 활동이나 경제 활동에 적극적으로 참여하는 스님들을 발견하는 일이 많아졌다. 백장 선사의 "일일부작 일일불식(一日不作 一日不食)", 즉 일하지 않으면 먹지 말라는 청규의 영향으로 한국의 승가에서도 사찰 내에서 밭을 가꾸는 등의 노동은 거의 의무처럼 여겨져 왔는데, 최근에는 세속적인 차원의 경제 활동도 매우 활발하게 이루어지고 있다.

부처님 당시의 승가에서는 상상도 할 수 없는 일이었지만, 21세기를 살아가는 우리들의 눈에는 그다지 거북스럽게 느껴지지 않는 듯하다. 오히려 포교나 사찰경제의 발전을 위해 적극적으로 활성화시킬 필요가 있다는 주장도 높아, 사찰의 경제적 자립이 주된 논의거리로 등장하기도 한다. 한편, 초기불교의 전통을 이어받은 상좌부 불교국가에서는 다소 시대의 변화를 겪고는 있지만, 오늘 날에도 여전히 승려의 경제 활동이나 생산 활동은 금지되고 있다. 사찰에는 채소를 가꾸는 밭도 없으며, 음식을 조리하는 부엌도 없다. 오로지 오전 중에 한 번 걸식을 통해 재가신자가 발우에 담아 주는 음식이 그들의 식사가 된다. 출가자의 의식주 해결은 주로 재가신자의 몫인 것이다.

초기 경전에 의하면, 승가는 생산 활동을 철저히 방기한 종교 집단이었다. 출가자의 모든 생활은 재가자의 보시를 통해 해결되었으며, 양자의 역할은 명확히 구분된다.

출가자는 수행에 힘쓰고 청정한 행을 실천하며 재가자들을 위해 법을 설해주는 것이 주된 의무였고, 재가자는 그 보답으로 그들에게 의식주나 약품 등의 보시를 하고 항상 불자로서 올바른 생활태도를 유지하도록 노력했다. 적어도 초기불교교단에서만큼은 출가와 재가의 이 이중구조가 철저히 유지되고 있었다. 재가자들이 승가에 보시를 하는 주된 이유는 자신의 공덕(puñña, 복)을 쌓기 위해서이다. 흔히 승가를 복전(福田)이라 표현하는데, 이는 거기에 보시의 씨앗을 뿌리면 후에 복덕이 발생하는 밭이 된다는 의미이다. 그런데 보시의 대상에 따라 공덕의 양은 달라진다. 같은 출가자라도 탐욕에 사로잡힌 자에 대한 보시는 공덕을 쌓지 못하며, 덕이 높고 청정한 자에게 베푸는 보시야말로 큰 공덕을 가져온다고 여겨졌다. 좋은 밭에 뿌린 씨앗이 훗날 풍요로운 결실을 맺게 해 주는 것과 같은 이치이다.

이러한 가르침은 일반사람들로 하여금 자신들의 공덕을 최대한 늘릴 수 있는 존경할 만한 수행자를 추구하게 만들었고, 이것은 승가에도 그대로 영향을 미치게 된다.

초기경전에서는 출가자에 대한 보시가 많은 공덕을 낳는 행동으로 묘사되는 경우가 많다. 노골적인 요구로 느껴져 현대인들의 시각에서 본다면 좀 그렇지만, 당시의 종교가들은 가난하고 간소한 생활 속에서 계와 율을 잘 지키는 등 청정한 모습으로 재가자들의 존경을 받고 있었으므로, 이러한 주장을 일반사람들은 별 거부감 없이 받아들였던 것이다. 부처님이 승가를 모든 생산 활동을 방기한 종교집단으로 만드신 배경에는 물론 당시 인도 일반의 관습이 존재하지만, 그 보다 더 중요한 이유는 청정한 모습으로 재가자에게 존경받는 출가자, 그리고 훌륭한 출가자를 공경하고 받드는 재가자, 바로 이 아름다운 조화가 불교교단을 발전시켜 나가는 원동력이 될 것이라 생각하셨기 때문이다.

세상은 많이 변했고 이제 와서 초기불교교단의 운영 시스템으로 돌아가자고 말하려는 것은 아니다. 그러나 수행자나 사찰의 적극적인 경제 활동이 결과적으로 많은 부패와 타락을 가져왔다는 점은 불교의 오랜 역사를 통해 확인할 수 있다. 출가와 재가라는 철저한 이중구조를 통해 부처님이 실현하고자 하셨던 불교교단의 올바른 모습, 지금이야말로 이를 되돌아보며 우리 모두 스스로의 삶을 검토해 볼 때가 아닐까 싶다.

❁ 7. 재가불자는 청정교단의 지킴이

2005년 5월, 통계청의 인구조사 결과는 개신교계에 큰 충격을 주었다. 10년 전과 비교할 때 불교와 천주교의 신자 수는 증가한 반면, 개신교는 줄어든 것으로 나타났기 때문이다. 이후 개신교 내에서는 신자 수 감소의 원인과 그 대책을 모색하는 세미나 등이 열렸고, 그 결과 신자 수가 줄어 든 가장 대표적인 원인으로 대외 이미지 실추, 즉 종교로서의 성스러움을 잃어버리고 물질주의·경제지상주의와 궤를 같이 함으로써 사회에 부정적 이미지를 주었다는 점, 따라서 목회자의 도덕성 회복이 교인 감소를 극복할 수 있는 중요한 대안 가운데 하나로 떠올랐다.

그렇다면, 과연 한국의 불교교단은 이런 문제로부터 안전지대에 있다고 자신 있게 말할 수 있을까? 다행히도 아직 눈에 띄는 신자 수의 감소는 나타나고 있지 않은 것 같다. 그러나 대도시나 신흥도시 등에서 분명 개신교나 천주교에 비해 열세를 면하지 못하고 있으며, 어린이나 청소년 불교 인구의 감소 및 고령화 사회로 진입하는 상황임에도 불구하고 노인 불교

인구가 감소하고 있다는 점 등은 그다지 마음 편한 현상은 아니다. 이렇게 불안 요소를 안고 있는 가운데 출가자들의 불미스러운 행동을 전하는 뉴스가 끊이지 않는 현실은 그 불안을 증폭시키기 충분하다. 이런 뉴스를 접할 때마다 얼마나 많은 재가불자들이 마음에 상처를 입고, 또 일반인들의 시선이 싸늘하게 변해갈지 너무나도 자명하기 때문이다.

출가자들의 일상생활에 관한 규범을 모아 놓은 율장이라는 문헌을 보면, 상당수의 율 조문이 출가자들의 악행에 대한 재가자들의 비난을 계기로 제정되고 있음을 알 수 있다. 부처님께서는 율을 제정하실 때마다 "너희들의 잘못된 행동은 이미 신심을 지니고 있는 자에게서는 신심을 빼앗고, 아직 신심을 일으키지 않은 자에게는 신심을 일으킬 기회조차 갖지 못하도록 하는 것이다. 해서는 안 된다."고 하여, 출가자의 행동이 재가자의 신심에 중요한 역할을 할 수 있다는 점을 시사하며 재가자들의 의견을 출가자들의 행동에 적극적으로 반영하고 있다. 재가불자를 포함한 일반사회의 존경과 신뢰를 잃어버린 종교 집단은 그 사회에서 결코 존속할 수 없음을 부처님은 그 누구보다 잘 알고 계셨던 것이다.

이것은 재가불자의 역할이 단지 출가자에 대한 보시에서만 그치는 것이 아닌, 나아가 불교교단의 일원으로서 자긍심과 책임감을 갖고 교단의 발전과 안정을 위해 적극적인 의견 제시와 참여를 실천해야 함을 보여주는 것이다. 지금의 불교교단이 안고 있는 일부 바람직하지 못한 현실을 우리는 출가자들의 허물만으로 돌리며 방관해서는 안 된다. 불교교단은 사중(四衆)으로 구성된다. 즉 출가자와 재가불자가 모두 존재할 때 비로소 불교교단은 성립하는 것이다. 이것은 바꾸어 말하면 불교교단은 이 양자가 함께 일구어 나가는 것이며, 그 운명은 양자의 손에 공동으로 달려 있음을 의미하는 것이다. 출가자들이 불미스러운 행동을 할 때 과연 그 옆에 있었던 나는 무엇을 생각하며 어떤 행동을 하고 있었는지, 또 자신은 과연 재가불자로서 이 사회에서 부끄럽지 않은 삶을 살고 있는지 되돌아 볼 필요가 있을 것이다.

불교교단에서 불미스러운 일이 발생할 때마다 출가·재가를 논하며 서로 선을 긋고 상대방의 비판을 묵살해 버리는 경우를 종종 볼 수 있는데, 이것은 자신의 살을 갉아먹는 것과 다름없는 행동이다. 스스로 불교도로서 부끄럽지 않은 언행을 갖추고, 또 올바른 시각과 진심어린 견해로 출가자의 고고한 삶을 보조하는 신심어린 재가불자, 그리고 이 충언에 한쪽 귀를 열어두고 항상 자신의 언행을 돌아봄으로써 교단 내외로부터 존경받는 종교인으로 살아가는 덕망 높은 출가자, 이 양자의 조화야말로 불교교단의 영원한 발전을 약속해 주는 것이라 확신한다.

8. 건강 장수의 길

"생활 습관병은 사실은 자기관리 결함병입니다."

현재 미국 알버트 아인슈타인 의과대학의 외과 교수로 있는 신야 히로미(新谷弘實) 박사가《병에 걸리지 않는 삶》이라는 책에서 하고 있는 말이다. 위장내시경 외과의인 저자가 미국과 일본을 오가며 30만 명의 위장 내시경을 통해 얻은 임상 결과에 근거해서 저술한 이 책은 일본에서만 100만 부가 넘게 팔리며 선풍을 불러일으켰다. 필자도 이 책, 그리고 올해 나온 '2 실천편'을 읽으며 인간의 심신에 대한 그의 깊은 이해에 '명의란 정말 이런 사람을 두고 하는 말이구나'라며 감동했다.

그는, 인간은 본래 병에 걸리지 않고 천수를 누리도록 만들어져 있음에도 불구하고, 많은 사람들은 잘못 길들여진 갖가지 습관에 얽매여 자신의 건강을 좀먹는 삶을 살아가고 있다고 지적하며, 굵고 길게 자신의 천수를 다하게 만들어줄 수 있는 것은 바로 자기 자신뿐이라고 강조한다. 모든 것은 자기 자신의 선택을 통해 이루어지기 때문일 것이다.

《구횡경(九橫經)》에 의하면, 비명횡사하는 이유로서 부처님께서는 다음 아홉 가지를 설하신다.

먼저 식생활에 관한 것으로, 첫 번째는 먹을거리로 삼아서는 안 될 것을 먹을거리로 삼는 것이다. 두 번째는 먹는 양을 조절하지 않는 것이다. 세 번째는 관습을 따르지 않고 먹는 것이다. 이것은 예를 들어 계절을 고려하지 않고 먹을거리를 선택하거나, 또 다른 나라에 가서도 그 곳 사람들의 관습에 주의를 기울이지 않고 아무것이나 먹은 결과, 탈을 일으키는 것을 의미한다.

네 번째는 먹을거리를 소화시키지 못하는 것이다. 즉 음식을 먹어도 약을 복용하지 않으면 토해버려 제대로 음식을 받아들이지 못하는 것을 말한다. 올바른 재료와 조리방법, 자신의 위장을 배려하며 적당히 채울 줄 아는 절제, 자연의 섭리와 선조들의 지혜를 무시하지 않는 겸허한 마음, 먹을거리를 제대로 받아들여 소화시킬 수 있는 몸 상태의 조성, 이 네 가지의 올바른 실천을 통해 먼저 건강한 육체를 만들 수 있는 것이다.

비명횡사를 불러일으키는 다섯 번째 이유는 하품을 하거나 배설하고 싶을 때 곧 바로 하지 않고 참는 것이라고 한다. 하품이나 소변, 대변 등은 몸이 독소를 밖으로 배출하고자 하는 자연스러운 현상이다. 이것을 인위적으로 차단함으로써 몸속에 독소가 쌓여 병을 일으키게 된다.

여섯 번째는 계를 지키지 않는 것이다. 살생, 도둑질, 음욕,

거짓말, 음주 등을 함으로써 문제를 일으켜 감옥에 들어가거나, 몽둥이나 칼에 의해 죽거나. 혹은 감옥으로부터 탈출하게 되어도 원한을 지닌 사람 때문에 죽거나, 혹은 두려워하며 죄책감 속에서 죽어간다. 일곱 번째는 나쁜 친구를 가까이 하는 것이다. 올바른 판단력을 지니지 못한 친구를 가까이 함으로써 자기 자신도 잘못을 저질러 곤경에 빠지게 된다. 여덟 번째는 적당하지 않은 때에 적당하지 못한 장소에 가는 것이다. 예를 들어 싸움이 벌어지고 있는 곳 등이다. 아홉 번째는 피해야 할 것을 피하지 않는 것으로, 예를 들어 달리는 차나 맹수, 물이나 불, 칼을 빼든 사람 등을 말한다.

자기관리 결함병이 어찌 생활 습관병뿐이겠는가. 몸에 해로운 줄 알면서도 절제하지 못한 채 한 순간의 즐거움에 사로잡혀 탐닉하는 어리석음, 옳고 그름을 분간하지 못한 채 자신의 입과 팔 다리를 움직여 지어내는 갖가지 악행, 안전 불감증으로 인한 부주의……. 이 모든 것들이 자기관리 결함의 소산물인 것이다.

인간으로 태어나 이렇게 존재할 수 있다는 사실에 항상 감사하며, 소중한 자신의 몸과 마음이 잘못된 길을 걷지 않도록 관심을 갖자. 그리하여 정신적으로나, 육체적으로나 생생한 힘을 갖추고 몸속의 세포 하나하나가 행복해 하는 삶을 살아가자. 자기 자신을 지키고 또 변화시킬 수 있는 것은 자신뿐이다.

9. 선업은 사후를 위한 저축

'산 자와 죽은 자', 인간의 삶에 있어 이 보다 더 가슴 아프고 애달픈 관계가 있을까? 더욱이 그것이 만약 사랑하는 가족이나 친구, 혹은 그에 비유할 만한 소중한 사람과의 영원한 이별이라면, 그 공허하고 아득한 양자 간의 거리감을 무엇으로 채울 수 있을까?

특히 산 자에게 있어 죽음은 미지의 세계이다. 도대체 죽으면 어떻게 되는 것인지, 어디로 가는 것인지 아무것도 모른다. 그저 추측할 뿐이다. 그래서 불안하다. 혹시 고픈 배를 움켜쥐고 추위에 떨며 지천을 떠돌아다니고 있지는 않는지, 혹은 지옥에 떨어져 고통 받고 있지는 않는지 눈을 떠도 눈을 감아도 가슴이 저려온다.

그래서일까? 산 자는 죽은 자의 편안한 또 다른 삶을 위해 할 수 있는 모든 것을 다 해 주고 싶다. 부처님 당시, 바라문교의 사제들은 죽은 자를 천계에 인도해 줄 수 있다고 단언하며 온갖 의식을 거행했고, 사람들은 자신의 사랑하는 이들이 좀 더 행복한 사후를 보장받도록 그들에게 많은 공양물을 바쳤다. 《가미니경(伽彌尼經)》에 의하면, 어떤 마을에서 죽은 자를 위해 법요를 하고 있던 한 촌장이 부처님께 "다른 바라문 사제들처럼 당신도 죽은 사람을 천상에 태어나게 할 수 있습니까?"라고 물었다.

이에 대해 부처님께서는 다음과 같은 비유로 말씀하셨다.

"예를 들어, 여기 무거운 돌 하나가 있어, 이것을 깊은 호수에 던져 넣었다고 하자. 그리고 나서 많은 사람들이 모여 모두 기원한다고 하자. '돌아, 돌아, 떠올라라. 돌아, 돌아. 밖으로 나와라.' 아무리 열심히 기원한들 돌이 떠오르겠느냐?"

촌장은 그렇지 않다고 대답했다.

그러자 부처님께서는 다시 말씀하셨다.

"그럼, 기름을 호수에 던져 넣고 모두 기원한다고 하자. '기름아, 기름아, 가라앉아라.' 그러면 기름은 물속에 가라앉겠느냐?"

촌장은 대답했다.

"그런 일은 없습니다."

부처님께서는 말씀하셨다.

"이와 마찬가지로, 그 사람이 생전에 생명을 해치고, 도둑질하고, 사음을 행하고, 실없는 말을 하고, 고자질을 하고, 거친 말을 내뱉고, 쓸데없는 말을 하고, 탐내고, 성내고, 잘못된 견해를 품었다면, 그의 사후, 설사 아무리 많은 사람들이 모여 '부디 이 사람이 좋은 곳에 태어나게 해 주소서'라고 기원한다 해도, 그 사람은 지옥에 태어날 것이다. 반대로 살아 있는 동안 선업을 많이 쌓은 사람은, 그의 사후, 아무리 다른 사람들이 '그가 지옥에 떨어지게 해 주십시오'라고 빌어도 그 사람은 좋은 곳에 태어날 것이다. 모든 것은 자업자득이니라. 돌은 어떤 일이 있어도 물속에 가라앉으며, 기름은 뜨는 법이니라."

초기경전을 통해 살펴보면, 부처님께서는 바라문교에서 행하는 장의의례의 의미를 전혀 인정하지 않으셨으며, 사람의 사후 운명을 결정하는 것은 오로지 본인의 행위에 달려 있다고 생각하셨다고 볼 수 있다.

선조에 대한 공양은 매우 중요한 일로서 권장하시지만, 그것은 결코 죽은 자의 운명을 바꾼다는 의미가 아닌, 감사보은의 마음에서 실행해야 할 일이다. 어찌 보면 너무나도 냉정한 가르침이지만, 이것은 인과응보·자업자득이라는 불교의 기본적인 생각을 고려할 때 매우 납득할 만한 입장이다. 생전의 삶이든, 혹은 죽은 후의 삶이든, 그 삶의 내용을 결정할 수 있는 것은 자신 밖에 없는 것이다.

필자는 가끔 주위에서 '우리 아무개는 생전에 나쁜 짓을 많이 했어요. 혹시 지옥에 태어나 고통 받고 있지는 않을까요?'라며 심난한 표정을 짓는 이들을 보게 된다. 그때마다 생전에 올바른 삶을 살며 선행을 쌓는 일은 자기 자신의 사후를 위한 저축이기도 하지만, 더 중요한 것은 뒤에 남아 자신을 추모하는 사람들의 마음을 조금이나마 편안하게 해 주는 길이 될 수도 있을 것이라는 조금은 엉뚱한 생각을 해 본다.

10. 초목은 유정인가

초목(草木)이 생명, 즉 영혼을 지닌 유정(有情)인가 아닌가 하는 문제는 아직 결착을 보지 못하고 있는 것 같다. 살인 사건 현장에 있던 식물이 훗날 범인의 얼굴을 보자 초음파가 유난히 빠르고 불규칙하게 움직였다거나, 식물을 키울 때 아름다운 음악을 들려주고 애정을 듬뿍 주면 성장속도가 빨라진다거나 하는 등 식물에게도 감정이 있다는 점이 종종 거론되기는 하지만, 여전히 초목의 영혼성에 관해서는 논란의 여지가 있다.

불교도의 입장에서는 특히 계의 실천과 관련하여 초목의 생명 여부가 중요한 주제로 떠오른다. 동물이 생명을 지닌 존재라는 점에서 그들을 죽여 고기를 취하는 행동이 문제시될 수밖에 없다면, 그렇다면 식물의 경우는 어떤가 라는 의문이 생기기 때문이다. 만약 식물 역시 생명을 지녔다면 동물의 생명을 빼앗는 것과 무엇이 다를 것인가, 과일이나 야채 역시 피해야 할 먹을거리는 아닐까 하는 걱정으로까지 이어진다.

그렇다면 이 문제에 관한 불교의 기본 입장은 어떤 것일까?

율장을 통해 보건대, 불교는 초목 그 자체에 생명이 있다고 생각하지는 않았던 것 같다. 분명 율장에는 초목을 해치는 행위를 금지하는 조문이 있기는 하지만, 이것은 초목의 생명을 인정했기 때문이라기보다는 그 초목에 살고 있는 작은 생물, 즉 벌레나 곤충들을 죽이게 될 것을 우려했기 때문인 것으로 보인다.

잘 알려진 바와 같이, 승가에는 안거(安居)라는 관습이 있다. 이것은 우기 3개월 동안 유행을 멈추고 스님들이 한 곳에 정착하여 생활하는 것을 말하는데, 안거가 승가에 받아들여지게 된 계기를 빨리율은 다음과 같이 전한다.

"당시 일반 사람들은 '사문석자(沙門釋子)들은 겨울에도 여름에도 우기에도 유행하며 푸른 잎을 짓밟고 하나의 감각기관을 지닌 생명에 상처를 입히고 많은 작은 생물을 죽이고 있구나. 다른 학파의 사람들은 그 교법은 악설(惡說)이라도 우안거를 구하여 이것을 지키고 있다. 또 새들도 나무꼭대기에 집을 만들고 우안거를 하며 이것을 지키고 있다'라며 불교수행자들을 비난했다."

그리하여 부처님께서는 우안거를 지낼 것을 제정하셨다고 한다. 이 기술을 통해 알 수 있듯이, 초기불교 당시의 외도나 일반사람들은 초목이 하나의 감각기관, 즉 촉각을 지닌 생명이므로 풀을 밟거나 태우는 일은 곧 생명을 지닌 중생을 죽이는 행위와 같다고 생각하고 있었으며, 승가 역시 이런 생각을 적극적으로 부정하지는 않고 있다. 그러나 초기의 승가가 초목의 영혼을 인정했다고 볼 만한 기술은 불교경전에서 발견하기 힘들다.

당시 인도의 종교계가 초목 역시 생명을 지닌 것이라고 생각한 배경에는 초목도 윤회한다고 하는 사상이 있었던 것으로 추측되고 있다. 이러한 생각은 자이나교나 정통 바라문교 사이에서는 일반적으로 인정되고 있었던 입장인 것 같다. 예를 들어 자이나교에서는 다음과 같이 설한다. "생명에는 두 가지 종류가 있다. 하나는 윤회하는 것이고, 또 하나는 성취자, 즉 윤회하지 않게 된 해탈자이다. 윤회하는 것 중에는 움직이는 것과 움직이지 않는 것이 있는데, 전자에는 불·바람·동물이, 후자에는 땅·물·식물이 해당된다."

또 자이나교의 교주인 마하비라가 그의 제자인 고야마로부터 '모든 생류(生類)는 예전에 연꽃의 뿌리나 줄기, 잎, 꽃술 등으로 태어난 적이 있습니까?'라는 질문을 받고, '그렇다. 게다가 그것은 한 번뿐이 아닌, 수도 없이 이루어졌다'라고 설한다. 이것은 인간이 초목으로도 재생할 수 있다고 생각했음을 보여준다. 바라문교의 《마누법전》에서도 상세히 윤회의 형태를 서술하는 가운데 "스승의 처를 범한 자는 수백 번이라도 풀이나 관목, 덩굴 풀, 맹수 등으로 태어난다."고 하여, 인간이 풀이나 나무로 재생할 수 있다는 입장을 지니고 있었음을 보여준다.

이와 같이 불교 발생 당시, 인도의 종교계나 일반사회가 초목도 윤회한다는 생각을 갖고 있었던 것에 반해, 불교경전에서는 초목의 영혼을 인정하는 교리는 발견하기 어렵다. 불교의 초목에 대한 입장은, 초목에 관한 대표적인 율 조문인 '괴생종계(壞生種戒)'를 보면 명확하게 알 수 있다. 이것은 초목에 상처를 입히는 것을 금지하는 율인데, 빨리율에서는 이 율이 제정되기에 이른 인연담을 다음과 같이 소개한다.

부처님께서 아라비라는 곳에 머무르고 계실 때 어떤 비구가 나무를 잘랐다. 그런데 그곳에는 수신(樹神)이 살고 있었다. 화가 난 수신은 나무를 자른 그 비구를 죽이려고 했다. 그러나 수신은 마음을 진정하고 부처님을 찾아가 도움을 청하여 다른 나무를 살 곳으로 얻게 되었다. 일반사람들은 그 비구의 행동은 하나의 감각기관을 지닌 생명에게 해를 끼치는 행위라며 비난했고, 부처님께서는 세간 사람들은 나무에 생명이 있다고 하는 생각(有命想)을 지니고 있다고 하시면서, 초목에 상처를 내거나 자르면 안 된다고 가르치셨다고 한다.

이 인연담으로부터 보건대, 불교수행자가 초목을 해쳐서는 안 되는 이유는 그 초목에 살고 있는 수신 등에게 피해를 주지 않기 위해서이자 초목도 생명을 지녔다고 보는 당시 일반사람들의 통념을 반영한 결과이지, 결코 초목에 대한 불교 자체의 교리가 적극적으로 반영된 결과는 아닌 것이다.

또 한 가지 주목할 점은, 위의 율 조문에서 초목을 의미하는 말로 사용되고 있는 '부따 그라마(bhūta-grāma)'라는 용어이다. 부따는 생명을 지닌 것, 즉 유정을 의미하며, 그라마는 촌락이라는 의미이다. 즉 유정이 사는 촌락이라는 의미가 된다. 이것은 불교가 초목 자체를 생명을 지닌 것으로 본 것이 아닌 생명을 지닌 것들, 다시 말해 벌레나 곤충, 혹은 갖가지 정령들이 모여 사는 하나의 마을로 이해하고 있음을 보여준다.

이 점은 한역율의 기술로부터 더 명확히 드러난다. 예를 들어, 《십송율》에서는 이 말을 귀촌(鬼村)으로 번역한 후, '귀촌이란 생초목(生草木)을 말하는 것으로 중생의 의지처를 말한다. 중생이란 나무의 신, 개울의 신, 강의 신, …… 모기, 등에, 장구벌레 등이다. 이들 중생은 초목을 집으로 삼고, 마을·취락·도읍으로 삼는다.'고 한다. 다시 말해, 초목은 수신이나 모기 등이 사는 곳이므로 손상을 입혀서는 안 된다는 입장인 것이다.

이상으로부터 판단하건대, 불교에서는 원래 초목의 영혼은 인정하지 않았으며, 초목을 해치는 것을 금지한 근본적인 이유는 그 안에 살고 있는 작은 생명들을 중시했기 때문인 것으로 생각된다.

하지만 그렇다고 해서 불교의 수행자들이 들에 핀 풀 한 포기, 나무에 달린 과일 하나, 나무 한 그루 함부로 뽑거나 따거나 벨 수 있었던 것은 아니다. 물론 이는 그 안에 있는 작은 생명에게 해를 입히게 될 지도 모른다는 생각이 기본적으로 기반에 있었겠지만, 또 한편으로는 이 세상에 존재하는 그 어느 것 하나 자신의 욕심대로 함부로 해서는 안 되며, 항상 주어지는 모든 것에 감사하며 오로지 수행을 지속하기 위해 필요한 최소한의 양으로 만족하는 소박한 삶을 살아야 한다는 생각을 갖고 있었기 때문이다. 불교가 중국에 전해진 후 발전한 '초목국토실개성불(草木國土悉皆成佛)', 즉 초목이나 국토와 같은 비정(非情)한 것 역시 모두 성불할 수 있다는 사상의 배경에도 이 세상에 존재하는 모든 것의 소중함을 일깨우려는 의도가 담겨있었던 것은 아닐까 싶다.

밥상 위에 올려지는 한 그릇의 나물이든 사과 한 알이든 그냥 생겨나는 것은 없다. 대지와 비, 계절의 변화와 같은 자연의 조화, 그리고 때로는 인간의 노력이 어우러질 때 비로소 결실을 맺게 되는 것이다. 이 사실을 기억하고 항상 모든 것에 감사하는 마음을 잊지 않는다면, 풀 한포기, 나무 한 그루 어찌 함부로 하겠는가.

❀11. 육식에 관한 생각

요즈음 웰빙, 혹은 참살이라는 말의 등장과 함께 많은 사람들이 채식 위주의 식생활을 선호하고 있다. 가정의 식탁에도 신선한 야채가 풍성하게 올려지고, 곳곳에 생긴 채식 뷔페에는 사람들의 발길이 이어지고 있다. 한때는 단백질의 중요 공급원으로서 섭취가 권장되던 고기나 생선이지만, 지나친 섭취는 건강에 해롭다는, 아니 가능하면 완전히 끊고 철저한 채식위주의 식생활을 하는 것이 건강에 유익하다는 사실이 알려지면서, 이제 육식은 일반사람들에게도 고민스러운 먹을거리가 된 것 같다. 하물며 불교도의 경우에는 불살생이나 자비, 불성 등과 같은 불교 교리와 정면으로 맞물려 있어 육식에 대해 더 큰 갈등을 느낄 수밖에 없다.

그렇다면 육식에 대한 불교의 입장은 어떤 것일까? 불교는 육식을 철저하게 거부하는 종교일까? 거의 우문에 가깝게 느껴질 수도 있지만, 사실 불교에서 육식 문제는 복잡한 양상을 띠고 있어 한 마디로 대답하기 어려운 면이 있다. 대승경전을 주로 접하며 그 가르침에 익숙해진 한국의 불교도에게 있어 육식은 용납하기 어려운 행위인 한편, 초기불교의 전통을 이어받은 스리랑카나 미얀마, 태국 등과 같은 남방불교권에서는 육식이 허용되고 있기 때문이다.

이미 잘 알려진 사실이지만, 초기불교 경전에서는 출가와 재가를 막론하고 육식을 명확히 금지하는 기술은 발견할 수 없다. 예를 들어, 율장에서도 '세 가지 종류의 정육(淨肉)'이라 하여 보시된 고기가 자신 때문에 죽임을 당하는 것을 보거나 듣거나 의심이 가는 것이 아니라면 먹어도 된다는 제한적인 규정이 보일 뿐 적극적인 금지 규정은 존재하지 않는다. 자신이 그 생물의 죽음에 관여하고 있는가 아닌가가 문제이지, 육식 자체는 결코 문제가 되지 않고 있음을 알 수 있다. 이런 사정을 둘러싸고, 초기불교 역시 육식을 금지하는 입장이었지만, 당시 탁발이나 청식에 의존해서 식사를 해결할 수밖에 없었던 불교승가는 음식을 취사선택할 자유를 갖지 못했고, 그 결과 육식은 불가피했다는 의견을 제시하는 사람들도 있다. 그러나 필자의 생각은 다르다. 만약 부처님께서 철저히 육식을 거부하는 입장이셨다면, '우리 불교수행자들은 육식을 하지 않습니다. 고기나 생선은 이러이러한 이유로 절대 먹지 않습니다.'라고 좀 더 적극적으로 자신의 생각을 일반사회에 알릴 수도 있었을 것이다. 당시 육식은 맛나고 영양가 많은 미식(美食)으로 생각되었다. 출가수행자들이 육식을 거부한다고 해서 까다롭다고 비난받을 사회 분위기는 아니었으며, 오히려 우리는 불교수행자의 육식 행위가 당시의 고행주의자들이나 일반인들, 심지어는 불교교단 내부에서조차 종종 도마에 올라 비난당하는 경우를 경전에서 발견할 수 있다.

그렇다면 이런 상황에도 불구하고 부처님께서 육식을 철저히 거부하지 않으셨던 근본적인 이유는 무엇일까? 《숫따니빠따》의 《생취경(生臭經)》에 의하면, 당시의 고행주의자들은 고기나 생선과 같은 비린내 나는 음식으로 인해 그 사람이 부정해진다고 생각하며 육식을 하는 불교도들을 비난했는데, 이에 대해 깟사빠 부처님은 "산 것을 죽이고, 때리고, 자르고, 묶으며, 훔치고, 거짓말하고, 사기치고, 속이고, 그릇된 것을 배우고, 남의 아내와 가까이 하는 것, 이것이 비린 것이지 육식이 비린 것은 아니다. 거칠고 난폭하게 험담을 하고, 친구를 배신하며, 무자비하고, 몹시 오만하며, 인색하여 베풀 줄 모르는 것, 이것이 비린 것이지 육식이 비린 것은 아니다."라고 설하셨다고 한다.

즉 불교는 처음부터 육식 자체를 철저히 거부하는 종교는 아니었으며, 그 배경에는 그 사람의 인격을 좌우하는 결정적인 요소는 외부로부터 들어오는 음식물이 아닌, 내면에서 우러나오는 청정하고 올바른 행동이라는 강한 신념이 깔려 있었던 것이다.

초기불교는 분명 육식을 허용하는 입장이었다. 그런데 부파불교에 이르러 점차 육식에 대한 부분적인 제한이 이루어지고, 나아가 대승불교에서는 특히 여래장계의 경전을 중심으로 육식을 완전히 금지하는 경향이 두드러지게 나타나게 된다. 인도불교의 역사에서 나타난 육식에 관한 이와 같은 입장 변화의 원인은 무엇일까?

먼저, 부파불교에서 나타난 육식 제한의 입장부터 살펴보면 다음과 같다.

현존하는 각 부파의 율장(律藏)을 보면, 육식에 대한 태도 변화가 흥미롭게 드러난다. 물론 이 시대는 초기불교의 입장과 크게 다르지 않았으며 기본적으로 육식을 허용하는 입장이었다. 단, 여러 가지 면에서 조금씩 제한되어 가는 경향을 곳곳에서 발견할 수 있는데, 이는 승가가 당시 일반 사회의 눈이나 평판을 의식한 결과라는 점에서 그 사회적 배경에 주목하게 된다.

당시의 일반 사회에서 고기나 생선은 꿀이나 기름, 연유 등과 더불어 맛나고 영양가 많은 고급 음식, 즉 미식(美食)으로 분류되었다. 그러므로 불교수행자들이 병과 같은 특별한 이유 없이 이런 미식을 먹는 것에 대해 일반인들은 사치스럽다고 비판하곤 했다. 아마도 이런 비판이 승가의 육식에 대한 태도 변화에 조금씩 영향을 준 것으로 보인다.

예를 들어, 바일제법 제39조 '색미식계(索美食戒)'는 병들지 않은 비구가 자신을 위해 미식을 구해 먹는 것을 금지하는 조문인데, 이 조문의 마지막 구절에는 다음과 같은 기묘한 기술이 존재한다. “병든 자가 아플 때 〔미식을〕 구한 후, 건강해진 후에 먹는 것은 무죄이다.” 이것은 이 조문이 아픈 자의 병 회복이라는 문제보다, 일반사회로부터 고기를 얻을 당시 그들의 눈에 불교수행자가 어떻게 비추어질 것인가 라는 문제를 더 의식하고 있음을 보여준다.

한편, 생육(生肉)에 관한 《사분율》의 규정으로부터도 이런 사정을 엿볼 수 있다. 어떤 스님이 정신병에 걸려 생육을 먹고 생혈을 마셔 병을 고쳤다. 이 사실을 전해 들으신 부처님께서는 앞으로 이런 경우에는 숨겨진 장소에서 다른 사람이 보지 않도록 해야 한다고 하셨다고 한다. 이 기술들은 당시 승가를 둘러싼 일반 사회가 고기를 매우 귀중한 음식으로 생각하고 있었으며, 따라서 자신들이 보시하지 않는데도 불구하고 수행자들이 스스로 구해 먹는 행위를 바람직하지 못하게 여기는 풍토였음을 암시한다.

또 식용고기의 종류도 제한되어 간다. 사람, 말, 코끼리, 뱀, 개, 사자, 호랑이, 표범, 곰, 하이에나, 돼지 등의 고기가 다양한 이유로 금지된다. 예를 들어, 코끼리 고기는 왕의 재산이므로 만약 불교수행자들이 코끼리 고기를 먹는다면 왕이 기뻐하지 않을 것이라는 일반인들의 비판이 계기가 되었으며, 사자나 호랑이, 표범 등과 같은 맹수는 자신들의 고기 냄새를 맡게 되면 공격하는 성향이 있다고 하여 안전상 금지된다.

그런데 이 가운데 특히 흥미로운 것은 개고기의 금지에 관한 《십송율》의 기술이다. 이 율에서는 "기근이 들었을 때, 신분이 낮은 천한 자들이 모두 개고기를 먹고 있었는데, 부처님께서 '만일 비구들이 고귀한 사람에게 가면 비난받을 행위'라며 금지하셨다."고 한다. 코끼리 고기에 대해서도 이와 유사한 입장이 다른 율에서 확인된다. 원래 낮은 계급 사람들과의 접촉이나 그들로부터의 고기 보시 등을 꺼리지 않던 승가이지만, 점차 강력해진 힌두문화의 영향으로 일반 사회의 잣대를 의식하고 이로 인해 육식에 대한 입장에 동요가 발생했음을 엿볼 수 있는 대목이다.

이와 같이 초기불교로부터 부파불교에 이르기까지 육식 허용이라는 기본 입장은 유지된다. 단, 당시 승가를 둘러싸고 있던 일반 사회의 시선이나 평가를 의식하여 여러 가지 규정을 추가해 갈 뿐이다. 그런데 이런 현상은 대승불교의 발생과 더불어 전면적인 육식 금지 및 그 이론적 바탕을 제공하는 기반이 된다.

육식에 여러 가지 제한을 가하면서도 이를 전면적으로 부정하지 않았던 부파교단과는 달리, 대승불교에서는 육식 금지를 설하는 경전들이 다수 등장하게 된다.

예를 들어 《열반경》《능가경》《범망경》 등은 단호하게 육식 금지를 주장하는 대표 경전들이다. 《열반경》에서는 탁발한 음식에 고기가 섞여 있다면 물로 씻어 고기를 제거하고 먹어야 하며, 너무 많은 고기가 들어 있을 경우에는 받지 말아야 한다고 설한다. 이는 분명 초기불교나 부파불교의 입장과 상반되는 것으로, 육식에 대한 강한 거부감을 엿볼 수 있다. 《능가경》에서도 "성스러운 자는 보통 사람이 먹는 음식을 먹지 않으니, 하물며 부적당한 고기나 피로 물든 음식을 먹겠느냐." 고 하며, 나아가 "각각의 생존에 있어 일체중생이 친족, 권속이라는 생각을 품고 일체중생을 자식처럼 생각하는 것을 수행하기 위해, 자비를 본질로 하는 보살은 모든 고기를 먹어서는 안 된다." 혹은 "모든 생류를 공포에 떨어뜨리므로 자비로운 마음을 원하는 유가행자인 보살은 모든 고기를 먹어서는 안 된다."고 하여, 축생에 대한 연민과 자비로부터 육식을 삼가야 함을 설한다. 이러한 가르침을 바탕으로 《범망경》과 같은 대승계경에서는 보살이 지켜야 할 48경계 가운데 하나로 불식육계(不食肉戒)가 제정되기에 이른다.

그렇다면 대승경전에서 육식을 단호하게 금지하게 된 배경은 무엇일까? 학자들은 주로 불교교단 외부로부터의 영향과 내부적 원인의 두 가지 점을 지적한다. 외부의 영향이란, 대승불교 발생 당시 인도사회가 갖고 있던 육식에 대한 생각을 불교교단이 무시할 수 없었다는 것이며, 내부적 원인이란 불교교단 내부에서 발생한 교리의 발전을 가리킨다. 이 두 가지 문제는 서로 얽혀 있어 어느 것이 좀 더 본질적인가 판단하기 어렵지만, 이미 모든 부파의 율장에서 이른 시기부터 육식에 대한 제한을 두는 움직임이 확인되며, 그 이유가 다름 아닌 일반사회의 시선을 의식한 결과라는 점을 고려할 때, 외부로부터의 자극이 좀 더 본질적인 방아쇠 역할을 했을 것이라 추측해 볼 수 있다.

대승불교의 등장을 전후로 한 시기는 힌두교가 기반을 다지며 카스트제도를 보다 확고하게 안정시켜 간 시기였다. 육식은 부정하다는 생각과 함께 바라문들은 육식을 기피하고 채식을 선호했으며, 고기를 만지거나 먹는 사람들은 주로 불가촉민인 찬달라와 같은 낮은 계급의 사람들이었던 것이다. 바라문들은 부정하다는 이유로 그들과의 접촉을 꺼렸다. 이와 같은 사회 분위기 속에서 하물며 출가자들이 고기를 먹는다는 것은 사회적 비판을 불러일으키기 충분했다. 대승불교도들은 이런 사회적 흐름을 적극적으로 인식하고, 그 결과 전면적인 육식 금지를 주장하고 나섰던 것으로 보인다.

율장에 등장하는 삼종정육(三種淨肉)이라는 표현은 물론이거니와, 《열반경》에서 고기를 물로 씻어 제거한다는 등의 내용이 당시 힌두교가 갖고 있던 정(淨)·부정(不淨)이라는 관념과 밀접하게 연관되어 있다는 점은 이미 학자들이 지적하고 있는 바이다.

이런 움직임과 더불어, 불교교단 내부에서는 대승이라는 이름에 걸 맞는 다양한 교리가 발전하게 된다. 《열반경》에서는 일체중생 실유불성(一切衆生 悉有佛性), 즉 모든 중생에게 불성이 존재한다는 가르침이 등장했고, 《능가경》에서는 생류에 대한 적극적인 자비의 마음이 강조된다. 그리고 《범망경》에서는 육식을 하는 자는 대자비의 불성종자(佛性種子)를 끊는 것이며 한량없는 죄를 짓는 일이라고 하여, 불식육계가 제정된다. 중생 구제를 최대의 목표로 삼고 정진하는 대승불교도에게 있어 대사회적으로나 교단 내부에서나, 기존의 전통 승가가 지니고 있던 육식 허용이라는 입장을 더 이상 고수하는 것은 무리였던 것이다.

한국불교 교단에서 육식 문제가 곧잘 논쟁거리로 떠오르는 것을 보며, 예나 지금이나 육식은 불교도들에게 있어 큰 화두거리가 아닌가 하는 생각이 든다. 앞에서 살펴 본 바와 같이, 육식은 인도불교의 역사에서만도 매우 복잡한 변화 과정을 보이고 있다. 이것은 육식이라는 행위가 그 만큼 한 마디로 규정하기 어려운 면을 지니고 있음을 보여주는 것이다.

그렇다면, 오늘날을 살아가는 우리 불교도들은 육식을 해야 하는 것일까, 말아야 하는 것일까? 가능하다면 육식은 삼가야 한다는 것이 필자의 개인적인 생각이다.

오늘날 우리들의 입으로 들어가는 가축류가 어떤 환경에서 길러지고 있는지 관심 있게 들여다본다면, 아마도 대부분의 사람들은 진심으로 육식을 피하고 싶어질 것이다. 좁은 새장 안에서 평생 날개 한 번 제대로 펴보지 못한 채 서로 얽히고설켜 성장촉진제와 항생제로 고통 받으며 살다가 죽어가는 닭들, 근육이 생겨 질긴 고기를 만들어내지 못하도록 평생 좁은 우리

안에 갇혀 살며, 풀은커녕 성장속도를 높이는 약물이 잔뜩 섞인 수입배합사료를 먹다 결국 잔인하게 최악의 공포 속에서 도살당하는 소들, 이어 도살당할 소들은 그 과정을 뒤에서 지켜보며 눈물을 흘린다고 한다. 생명의 존엄성 같은 것은 논할 여지도 없는 상황이다. 이런 환경에서 길러지다 죽어가는 가축들은 상상을 초월한 분노와 한을 몸속에 축적하게 되고, 이것은 이들을 먹는 인간의 몸으로 고스란히 전달될 것임이 분명하다.

게다가 최근에는 소의 트림이 지구 온난화에 큰 영향을 미친다는 흥미로운 사실도 지적되고 있다. 위가 4개나 되는 소는 먹은 것을 위를 통해 계속 분해하고 다시 입으로 되새김질하며 소화시키게 되는데, 이때 장 속에 있는 미생물들이 음식물을 발효시키는 과정에서 이상단백질 분해를 일으켜 메탄가스가 가득한 방귀와 트림을 하게 된다고 한다. 대량 사육되어지는 소가 내뿜는 메탄가스가 지구온난화의 원인 중 20%를 차지한다고 하니 이 얼마나 놀라운 일인가! 대량으로 사육되는 가축의 문제는 이제 인류의 위기와도 무관하지 않은 수준에까지 도달한 것이다. 그 동안 자신의 미각을 충족시키기 위해 무분별하게 육식을 탐하며 자연의 섭리를 무시해 온 인간들에게 이제 거대한 재앙이 닥쳐오고 있다고 해도 과언이 아니다.

이런 시점에서 어찌 생명의 존엄성과 가치를 주장하고, 모든 생물에 대한 자비와 불성을 외치는 불교도가 육식에 탐닉

할 수 있겠는가! 출가와 재가를 막론하고 반드시 지켜야 할 불살생계는 다른 생명에 대한 연민과 자비를 바탕으로 할 때 비로소 진정한 실천이 이루어진다. 미각의 즐거움에 빠져 무분별하게 입속으로 집어넣는 고기 덩어리에 맺힌 그 가축의 고통과 한을 떠올리며 측은함을 느낄 수 있는 마음을 지닌 사람이라면, 이미 육식을 해야 하는가 하지 말아야 하는가라는 고민 자체가 무의미하게 느껴질 것이다.

한편, 부처님께서 육식을 적극적으로 금지하지 않으셨던 이유도 우리는 잊어서는 안 된다. 초기경전을 통해 보는 한, 부처님께서는 물론 육식을 장려하지도 않으셨지만, 또 적극적으로 금지하지도 않으셨다. 이것은 극단적인 태도를 지양하고 중도(中道)적 삶을 살아갈 것을 최상으로 여기신 부처님으로서는 당연한 가르침이다. 육식에 대한 지나친 죄악감, 이것은 또 하나의 집착인 것이다. 집착은 결코 바람직한 결과를 초래하지 못한다.

중요한 것은 우리들의 절제된 몸과 마음이다. 계의 정신을 올바르게 알고 이를 잘 실천하며 살아가는 사람은, 결코 육식을 자신의 입을 만족시키고 배를 채우는 일종의 먹을거리로만 생각하지는 않을 것이며, 자신과 자신을 둘러싼 이 세계의 행복을 위해 적절하고도 현명한 선택을 할 수 있을 것이다.

❁ 12. 두타행

한 곳에 정착하지 못하고 이리 저리 옮겨 다니며 살아온 덕에 이사에는 꽤 익숙해져 있다고 생각하건만 아직도 이삿짐을 꾸리고 펼칠 때마다 구석구석에서 쏟아져 나오는 물건들에는 한숨이 절로 나온다. 그 동안 끌어 모은 물건들이 이렇게 많았던가. 책이야 직업상 그렇다 치더라도, 등치 큰 가구를 비롯하여 수납할 공간조차 찾기 어려운 넘쳐나는 옷가지와 신발들, 장식물들……. 게다가 냉장고 속은 더 가관이다. 유통기한을 이미 훌쩍 넘긴 음식물이 여기저기 뒹굴고 있다. 지구상에는 굶어죽는 사람도 많다는데 하며 한 순간 울적한 마음에 죄스러움까지 느낀다. 이사 때마다 절제와는 거리가 먼 자신의 생활 방식에 몸서리치며 반성해 보지만, 어찌된 일인지 여기저기 물건은 쌓여만 간다. 의식주라는 가장 기본적인 삶에서부터 인간의 욕망은 시작되고 또 성장해 감을 확인하는 순간이다.

소화기관인 위장의 80%만 채우는 식생활이 얼마나 자신의 몸을 편하게 하는지 잘 알면서도 그 식탐을 이겨내지 못하고

100% 아니 그 이상을 채우려고 한다. 그도 모자라 냉장고가 터져 나갈 정도로 채워 두어야 마음이 놓인다. 집도 그렇고 옷도 그렇다. 좀 더 크고 넓은 집에서 편하게, 좀 더 예쁘고 근사한 옷으로 멋지게 치장하고 싶어 한다. 의식주 모두 인간의 기본 욕망이니 이런 욕구를 다 잘못된 것으로 치부해 버릴 필요는 없지만, 문제는 가지면 더 가지고 싶은 한없는 소유욕, 그리고 가지고 있는 만큼 번뇌도 많아진다는 점이다. 인간의 욕망은 만족의 끝이 없다. 항아리 가득 물을 채우면 끝날 것 같지만, 사실은 넘치는 줄도 모르고 계속 부어대다가 스스로나 자신의 주위 모두 홍수 상태로 만들어 버리는 것이 절제되지 못한 욕망의 끝이다. 불전에서 두타행(頭陀行)의 실천을 강조하는 이유도 바로 일상생활에서의 절제되지 못한 생활 태도가 수행을 그르치는 기본 요소라고 생각했기 때문일 것이다.

두타행의 두타란 두따(dhūta)라는 산스끄리뜨어의 음사어이다. 두따는 흔들어서 제거하다, 씻어내다 등의 의미를 지닌 두(√dhū)라는 동사의 과거분사형인데, 현대 인도어 가운데 하나인 마라티(Marāthī, 마하라슈트라주의 언어)에서도 더러워진 옷을 세탁한다는 의미로 사용하고 있다. 불전에서는 마음에 부착한 번뇌의 때를 씻어내는 뜻으로 이 말을 사용하는데, 즉 의식주 전반에 걸쳐 탐하는 마음을 갖지 않고 모든 번뇌를 제거하는 불도 수행을 가리키는 말이다. 일상생활에서 심신을 단련하는 여러 가지 생활 규율을 지킴으로써 의식주 전반에 걸쳐 만족, 욕망의 제어, 정진, 노력 등의 덕을 키우는 것을 목적으로 하며, 이것이 곧 계의 정화와 청정한 수지를 성취하는 기반이 된다고 한다.

두타행의 내용은 유행생활을 기본으로 하던 최초기의 불교 수행자들의 의식주 생활양식을 전제로 한 매우 고행적인 실천 항목이다. 승가가 정주생활을 시작하면서부터 두타는 계율에 밀려 대가섭을 비롯한 일부 엄격한 출가자들의 실천행으로서만 부각되는 등 다소 약세였던 감도 없지 않지만, 대부분의 경전에서는 그 정신을 존중하여 불도수행자라면 누구나 계와 두타를 차의 두 바퀴처럼 병행하여 실천할 필요가 있음을 강조한다. 이 두타행은 주로 출가자들의 실천행이지만, 자신의 욕망을 적절한 수준에서 제어하고 만족할 줄 알며, 잘못된 욕망에 쏟아 붓는 시간과 노력을 아껴 올바른 수행에 힘쓰는 바람직한 생활을 유지한다는 점, 그리고 이를 기반으로 청정한 계의 실천을 이룰 수 있다는 점에서 재가불자 역시 그 정신을 잘 이해하고 실천해야 할 가르침이다.

의식주에 대한 집착을 철저히 떠나 절제된 생활 태도를 유지할 것을 가르치는 두타행은 빨리상좌부 계통의 문헌에 의하면 전부 13항목으로 구성된다.

이 가운데 옷에 관련된 것은 분소의지(糞掃衣支)와 삼의지(三衣支) 두 항목으로, 분소의지란 쓰레기장이나 도로변에 쓸모없게 되어 버려진 헝겊조각을 주워 모아, 너덜너덜한 부분은 잘라내고 나머지 부분은 씻어 이들을 이어 붙여 만든 옷만을 착용하는 수행을 의미한다. 한편 삼의지는 상의와 하의, 그리고 외투의 세 가지 옷만을 입고 소지하는 수행을 가리킨다. 흔히 삼의일발(三衣一鉢)이라 하여, 세 가지 옷가지와 하나의 발우가 수행자의 소유물로 상징되는데, 이때의 바로 그 삼의이다.

옷에 대한 두타행은 옷에 대한 집착을 버리고, 몸을 가리고 추위를 피하기 위해 필요한 최소한의 옷가지만으로 만족할 줄 아는 검소함과 욕망의 제어를 가르친다.

한편 식사에 관한 것은 상걸식지(常乞食支), 차제걸식지(次第乞食支), 일좌식지(一坐食支), 일발식지(一鉢食支), 시후불식지(時後不食支)의 다섯 항목이다. 이 가운데 상걸식지와 차제걸식지는 걸식, 즉 탁발에 관련된 항목으로, 전자는 항상 걸식으로 식사를 해결하는 수행이며, 후자는 걸식을 할 때 당도한 마을이나 집을 건너뛰지 않고 차례대로 걸식하는 수행이다. 원래 불교교단은 걸식으로 식생활을 해결하는 것이 기본 방침이었으나, 점차 재가신자에 의해 잘 마련된 초대식을 받는 일이 많아졌다. 그러나 두타행자들은 이를 거부하고 본래대로 걸식으로 식사를 해결하는 생활 태도를 유지하고자 했다. 차제걸식지는 맛있는 음식을 주는 집만을 골라 탁발하는 것을 막기 위한 것으로, 어느 집에서 주는 어떤 종류의 음식이건 감사하게 수용해야 한다는 의미를 담고 있다. 일좌식지는 정사의 식당이나 신자의 집 등에서 걸식하여 식사를 할 때 중간에 자리를 뜨는 일 없이 한 곳에서만 하는 수행을 의미하며, 식사 중이든 식사 후든 한 번 자리를 뜬 후에는 식사를 위해 다시 자리에 앉아서는 안 된다. 일발식지란 자신의 발우 안에 담겨진 음식만으로 만족하고 먹어야 하며 더 달라고 해서는 안 된다는 수행이다. 시후불식지란 정식으로 식사를 한 후에 다시 식사를 해서는 안 된다는 수행이다.

음식이란 건강하게 일상생활을 보내고 수행에 필요한 기본 체력을 갖추기 위해 필요한 것이므로, 음식의 맛이나 질에 집착하거나 식탐에 사로잡혀 필요 이상 먹어서는 안 된다는 점을 가르친다.

주거에 관련된 것은 아란야주지(阿蘭若住支), 수하주지(樹下住支), 노지주지(露地住支), 총간주지(塚間住支), 수처주지(隨處住支), 상좌불와지(常坐不臥支)의 여섯 항목이다. 아란야주지란 사람들의 왕래가 많지 않은 한적한 곳에 머무는 수행이며, 수하주지란 지붕이 있는 곳을 피해 나무 밑에서 지내는 수행, 노지주지 역시 지붕이 없는 야외에서 지내는 수행, 총간주지는 무덤이나 무덤 근처에서 지내는 수행, 수처주지란 거주지에 대한 집착 없이 배정된 곳에서 지내는 수행, 상좌불와지란 눕지 않고 정진하는 수행을 말한다.

옷과 음식에 관한 두타행이 선정에 들어가기 위한 준비적인 단계의 실천행이라면, 주거와 관련된 두타행들은 선정, 즉 명상을 하면서 제법의 실상을 여실하게 관찰하는 수행 그 자체라고 볼 수 있다. 즉 한적한 곳에 머무는 아란야주지의 실천을 통해 선정에 몰두하게 되며, 나무 밑에 앉아 수행하는 수하주지를 통해 푸르른 신록이 홍엽으로 변하고 다시 시들어 떨어지는 것을 보며 무상함을 터득하게 되며, 야외에서 수행하는 노지주지는 집착하지 않는 마음을 얻게 해 주며, 무덤에서 수행하는 총간주지는 시체의 변화를 보며 부정관을 닦게 해 준다.

그리고 상좌불와지는 선정의 실천 그 자체이다. 결가부좌하고 상체를 올바르게 세우고 앉은 수행자는 악마의 마음조차 동요시킨다고 한다.

현대인뿐만 아니라 부처님 당시의 출가자들에게도 두타행은 어려운 실천행이였다. 그래서 부처님께서는 모든 출가자들에게 두타행의 실천을 의무화하지는 않으셨다. 그러나 이를 실천하는 수행자들을 매우 칭찬하셨으며, 출가자라면 청빈한 삶을 통해 물질의 상속자가 아닌 법의 상속자가 되어야 한다고는 강조하셨다. 두타행의 목적은 의식주에 대한 집착을 떠나 자신의 욕망을 적절한 수준에서 제어하고 만족할 줄 아는 올바른 생활의 실현을 통해 내면적인 행복과 평안을 추구하는 것에 있다. 이런 점에서 두타행은 출가·재가의 구분 없이 모든 불교도에게 적용되는 수행이라고 볼 수 있다.

재가자의 경우, 출가자처럼 철저한 무소유가 요구되는 것은 아니다. 올바른 방법으로 올바르게 재산을 늘려 안정된 기반을 마련하고 이를 널리 베풀며 살아가는 삶이야말로 재가불자가 지향해야 할 삶이다. 바로 이런 삶을 위해서도 두타행의 올바른 이해와 실천이 필요하다. 잘못된 욕망에 사로잡혀 스스로의 마음과 행동을 절제하지 못한다면, 올바른 생활은커녕 결국 심신의 병을 초래하여 불행해질 수밖에 없기 때문이다.

《맛지마니까야》라는 초기 빨리 경전에서는 음식을 먹을 때의 마음가짐을 다음과 같이 설한다.

"적절한 양을 알고 음식을 먹는 자가 됩시다. 올바르게 관찰하며 음식을 먹읍시다. 장난삼아서도 아니고 교만심에서도 아니며 장식을 위해서도 아닌, 오로지 이 신체를 유지하고 존속시키기 위해, 배고픔을 벗어나기 위해, 불도수행을 돕기 위해 먹읍시다. 이런 마음으로 음식을 먹는다면 오랜 고통은 사라지고 새로운 고통은 발생하지 않을 것입니다. 탈 없고 안락한 올바른 생활을 이어갈 수 있을 것입니다."

넘쳐 나는 음식들 속에 파묻혀 그 음식들의 소중함도 망각한 채, 그저 미각의 만족을 추구하고 포만감을 즐기며 퍼 넣다보면, 당연히 몸은 신음하고 마음은 산란해질 수밖에 없을 것이다. 우리들의 일상생활이 다 이와 같은 이치이다. 지나친 풍요로움 속에서 현대인은 언제부턴가 감사하는 마음이나 만족하는 마음을 상실한 채, 한없이 더 많은 것을 원하며 살고 있다. 충분히 갖고 있으면서도 더 많은 것을 갖기를 갈망한다. 그러나 물질에 의해 얻을 수 있는 행복에는 한계가 있다. 얼마 전 TV를 통해 히말라야 산맥 속에 묻힌 조그마한 불교 왕국 부탄의 상황을 보았다. 아시아에서 가장 가난한 나라 가운데 하나로 꼽힐 만큼 경제 수준은 낮지만 행복지수만큼은 세계 1위라는 불가사의한 나라이다. 부탄인으로 살고 있는 지금이 순간이 너무나도 행복하며 다음 생에도 또 다시 부탄에 태어나고 싶다고 말하는 그들의 해맑은 모습을 바라보며, 한편 물질적으로 풍요로운 유럽 등에서는 오히려 정신적 행복과 안정을 찾아 불교수행센터를 찾는 사람들이 늘고 있다는 대조적인 현실을 보며 진정한 행복은 어디서부터 비롯되는 것일까 새삼 돌이켜 보게 된다. 물론 가난한 삶이 좋다는 얘기는 결코 아니다. 그러나 모든 것이 예전보다 훨씬 풍요로워졌음에 불구하고, 정작 자신의 생활에 근본적으로 만족하고 행복을 느끼는 사람이 많지 않은 것 또한 현실이다. 이것은 인간의 끝없는 욕망이 불러일으키는 불행이다. 그러므로 자신의 욕망을 적절한 수준에서 제어하고 만족하며, 올바른 생활 속에서 내면의 행복을 추구하고자 하는 두타행의 가르침이야말로 물질만능주의에 젖어 신음하는 현대인에게 꼭 필요한 수행이라고 할 것이다.

❀ 13. 우란분절과 자자(自恣)

음력 7월 15일은 백중(百衆)이다. 여러 가지 과일과 채소가 많이 나오는 풍요로운 시기로, 예로부터 이때가 되면 농사일을 멈추고 천신(薦新) 의례 및 잔치와 놀이를 통해 노동의 지루함을 달래며 더위로 인해 쇠약해진 건강을 회복하곤 했다. 또한 우란분절(盂蘭盆節) 혹은 우란분재(盂蘭盆齋)라고도 하여 우리나라에서는 죽은 조상들을 위해 천도재를 지내는 날로도 인식되고 있는데, 원래 이 날은 불교도에게 있어 좀 더 특별한 날이다.

부처님 당시, 인도의 종교가들은 대부분 유행(遊行)생활을 했는데, 우기만은 한 곳에 정주하며 보냈다. 그 이유는 우기에는 풀들이 새싹을 틔우는 등 새로운 생명이 시작되는 시기이므로, 이때 수행자들이 유행을 계속하다 보면 뜻하지 않게 풀이나 벌레들을 밟아 죽일 염려가 있기 때문이다.

부처님도 당시의 이런 관습을 받아들여 우안거(雨安居), 즉 우기 3개월 동안 한 곳에 정착하도록 가르치셨다. 이 우안거는 보통 4월 16일부터 7월 15일까지이다.

스님들은 안거 기간 동안 서로 법담을 나누거나 평소 궁금했던 점등을 확인하며 지식을 넓히고 또 수행에 정진하는 시간을 갖게 된다.

3개월 동안의 안거가 끝나는 7월 15일에는 함께 안거를 보낸 전원이 모여 3개월 동안의 잘못된 행동을 서로 지적하며 반성하는 자자(自恣)라는 모임을 갖게 된다. 안거 기간 동안 싸움이 일어날 것을 꺼려 다른 사람에게 충고하기를 꺼리는 등 스님들이 안이한 화합을 구하며 서로 무관심하게 침묵하고 살았다는 얘기를 들으신 부처님께서는, 이 행동을 꾸짖으시며 안거가 끝난 후 자자를 실행하여 3개월 동안의 안거 생활 중에 보고 듣고 의심한 것에 대해 서로 이야기하는 기회를 만들도록 하셨다. 즉 서로 적극적으로 잘못을 지적하고 참회하는 기회를 갖도록 한 것이다.

그런데 재가신자의 입장에서 본다면, 이 날은 자신의 공덕을 쌓기 위한 절호의 기회였다.

심신이 청정하고 덕이 높은 스님에게 바치는 공양의 결과가 훨씬 크다고 믿었던 당시의 재가불자들에게 있어, 3개월 동안 안거 생활을 무사히 잘 마치고 자자를 통해 청정이 보증된 스님들이야말로 자신의 공덕을 늘려줄 최고의 복전(福田)이었기 때문이다.

재가불자들은 이 날 정성스레 마련한 온갖 공양을 스님들께 대접하는 것을 큰 기쁨으로 여겼다. 또 한편으로, 이 날은 팔재계라 불리는 포살계를 받고 정진하는 날이기도 했다.

재가불자의 포살일은 매달 여섯 번이지만, 특히 안거 기간 3개월 및 7월 15일의 자자일에 실천하는 포살은 특별한 의미를 지녔던 것으로 보인다. 스님들이 이 시기 동안 더욱 더 정진하는 것을 본받아 재가불자들도 한층 정진하겠다는 의미도 있으며, 또 한편으로는 날씨 변화가 심한 이 시기에 팔재계를 잘 지켜 심신을 제어함으로써 건강을 유지한다는 의미도 있었다.

이와 같이 음력 7월 15일은 출가와 재가를 막론하고 하나의 특별한 정진일로서 불교도에게는 매우 중요한 날이었다. 그런데 불교가 중국으로 전해지면서 이 날은 조상을 공양하는 날로 바뀌게 된다. 《우란분경(盂蘭盆經)》에 의하면, 부처님의 10대 제자 가운데 한 명인 목련존자가 지옥에서 고통 받는 자신의 어머니를 구하고자 부처님께 가르침을 청했는데, 부처님께서는 안거가 끝나는 날인 음력 7월 15일에 승려들에게 공양을 베풀면 그 공덕으로 구제될 것이라고 설하셨다고 한다. 이것을 시작으로 음력 7월 15일은 많은 수행자들에게 보시를 올리고 그 법력에 의해 조상을 구제할 수 있다는 생각이 동아시아의 여러 나라에 널리 퍼지게 된 것으로 보인다.

한국에서도 그 영향으로 음력 7월 15일은 우란분절이라 하여 조상 천도하는 날로 불교도들에게 인식되고 있지만, 원래 이 날은 안거와 자자를 잘 마친 청정한 스님들에게 공양을 바쳐 그 노고를 위로함으로써 자신의 공덕을 쌓는 날이자, 또 한편으로는 재가불자 스스로도 팔재계를 지키며 정진하는 날이었던 것이다.

❀ 14. 참회하는 삶

벌써 몇 달째 각종 언론 매체를 장식하며 사람들의 이목을 집중시키고 있는 사건이 있다. 세상 살다보면 입이 쩍 벌어질 만한 사건 몇 가지쯤이야 듣고 보기 마련이지만, 이번 사건은 우리 사회의 치부를 마치 종합선물세트처럼 골고루 담고 있다는 점에서 충격 그 자체이다. 게다가 불교계의 인사들이 사건의 핵심을 차지하고 있다는 사실은 우리의 놀란 가슴에 다시 한 번 폭탄을 던졌다.

한창 이 사건이 화제가 되었을 무렵, 필자의 지인 가운데 한 사람이 이런 말을 했다. '더도 덜도 말고 딱 오계만 잘 지켰어도 이런 일은 없지 않았을까요.' 듣고 보니 맞는 말이다. 정당한 노력 없이 쉽게 돈과 명예를 얻고자 한 것은 도둑질이고, 부적절한 남녀관계를 맺은 것은 음욕을 저지른 것이며, 자신들이 저질러 놓은 일을 수습하기 위해 끝도 없이 수많은 거짓말들을 되풀이해야 했다. 또 직접 사람을 죽이지 않았다 뿐이지 그 과정에서 피해를 본 사람이 없다고 어찌 단언할 수 있겠는가.

그런데 필자는 개인적으로 이 사건 자체보다 그 후의 흐름이 더 마음에 걸린다. 물론 이 사건은 그 어떤 변명으로도 덮어질 수 없는 경악할 만한 일이지만, 한편으로 생각해보면 스스로의 욕망을 제어하지 못한 인간이 한 순간 빠질 수도 있는 상황이다. 이토록 큰 결과는 아니더라도, 살면서 우리 역시 돈과 명예 등 자신의 이익 앞에서 얼마나 비겁하게 악과 타협하는 일이 많은가. 문제는 그 이후다. 정치계는 물론이거니와 불교계, 미술계, 재계 등의 중요인사들이 줄줄이 관련되어 있건만, 어찌 된 일인지 진심으로 용서를 구하는 사람은 단 한 명도 없다. 참회의 정신을 무엇보다 중요하게 여겨왔던 불교계 역시 이번에는 서로 책임 전가로 정신없다. 그 결과 걷잡을 수 없이 일은 커져만 가고 있다. 이런 모습에 마음 한 구석이 무거워지는 것은 필자뿐일까. 참회의 진정한 실천이 이렇게 어려운 것일까 새삼 돌아보게 되는 요즈음이다.

참회의 산스끄리뜨 원어에 관해서는 약간 논란이 있지만, 일반적으로 끄샤마(kṣama), 그리고 데샤나(deśanā)·쁘라띠데샤나(pratideśanā)가 거론된다. 전자는 끄샴(√kṣam)이라는 동사로부터 파생된 명사로, 다른 사람에게 자신의 잘못을 용서하기를 청하는 것이자 이를 스스로 참고 인내하며 괴로움을 달게 받는 것을 의미한다.

한편, 후자는 자신의 모든 것을 고백하여 마음을 청정하게 하는 것을 의미한다. 즉 참회라는 말에는 다른 사람에 대한 사죄와 더불어 자기 자신에 대한 처절한 반성이 담겨 있다고 볼 수 있다. 참회가 지니는 이와 같은 의미는 특히 스님들의 생활 속에서 명확히 드러난다. 비구스님들이 지켜야 할 율 조문은 250여 개에 이르는데, 이 가운데 일부의 극중죄를 제외하고는 전부 참회를 통해 청정을 회복하게 된다. 잘못을 저질렀을 경우 이를 다른 스님들 앞에서 있는 그대로 고백하고 이에 따른 모든 불이익을 감수한 후, 진정한 반성을 통해 청정을 회복하여 가벼워진 심신으로 수행에 다시 전념하는 것이다.

다른 사람에게 잘못을 드러내어 고백한다는 것이 어찌 말처럼 쉽겠는가. 할 수만 있다면 자신의 허물은 감추고 싶고 덮어버리고 싶은 것이 인간의 마음이다. 그러나 벗어버릴 적당한 때를 놓쳐버린 허물은 평생, 아니 다음 생까지도 어깨에 짊어진 채 가야 한다. 세상에 어찌 허물없는 사람이 있겠는가. 중요한 것은 스스로의 잘못을 잘못으로 인식할 수 있는 지혜, 그리고 이를 드러내어 진정으로 용서를 빌 수 있는 용기인 것이다. 참회는 단지 잘못을 저지른 사람만의 문제는 아니다. 이를 바라보는 사람 역시 자신을 돌아보는 좋은 기회를 제공받게 된다. 서로가 서로의 거울이 되어 비쳐주며 올바른 생활로 인도해 가는 삶, 이것이 바로 부처님께서 우리 모두에게 일깨워주고 싶으셨던 참회의 삶일 것이다.

❁15. 생명의 가치를 돌아보며

일본 유학시절 필자가 주로 타고 다녔던 소부(總武) 선은 특히 자살하는 사람이 많은 것으로 유명한데, 좀 과장해서 말한다면 하루걸러 한 번씩은 자살자로 인한 운행 트러블이 발생했던 것 같다. 너무 자주 겪다보니 언제부턴가 별로 놀랍지도 않았지만, 굳이 사람 북적거리는 전철역을 자살 장소로 선택한 그들에게서 현대인의 아이러니한 심리 속에 잠재하는 고(苦)를 느끼며 마음 한 구석이 무거워지곤 했다.

현대사회가 안고 있는 문제가 어찌 자살뿐이겠는가. 전쟁, 환경파괴, 인종차별, 낙태, 사형제도 등 '생명'과 관련된 문제들이 산적해 있다. 현대사회의 이슈는 생명이라 해도 과언이 아닌 것이다. 이것은 달리 표현하자면, 그 만큼 현대사회에서 생명의 가치가 경시되고 있다는 증거이기도 하다. 생명의 소중한 가치를 상실한 채 방황하는 현대인, 이들에게 불교가 어떤 실천적인 가르침을 줄 수 있는지 새삼 질문을 던져보게 되는 시기이다.

현대인들이 왜 생명의 소중한 가치를 망각하고 살아가는지 그 이유에 대해서는 여러 가지 요인을 생각해 볼 수 있겠지만, 생명이 왜 소중한가에 대한 인식 결여가 그 중 하나로 거론될 수 있을 것이다. 생명이 소중한 이유를 현실의 삶 속에서 이해하게 된다면 실천으로 이어갈 가능성도 높아질 것이다.

그렇다면, 생명은 왜 소중한 것일까? 우리는 생명을 독립적인 것으로 이해하기 쉽지만, 이 세상에 존재하는 모든 것은 유기적인 인과관계를 형성하고 있다. 즉 불교에서 말하는 연기의 가르침이다. 어느 것 하나 주변과의 관계성으로부터 독립해서 존재하는 실체는 없는 것이다. 베트남 출신의 유명한 선승인 틱낫한 스님은 이를 상호존재(inter-being)라는 말로 표현하며 다음과 같은 비유로 설명한다.

"만약 당신이 시인이라면, 이 종이 위에 구름이 떠있는 것이 분명 보일 것입니다. 구름이 없으면 비는 내리지 않습니다. 비가 내리지 않으면, 나무는 자라지 않습니다. 그리고 나무가 없으면 종이는 만들 수 없으므로, 이 종이가 여기 이렇게 있기 위해서 구름은 없어서는 안 되는 것입니다. 만약 여기에 구름이 없었다면 여기에 이 종이는 존재하지 않습니다. 따라서 구름과 종이는 상호공존하고 있다고 할 수 있습니다. …… 이 종이를 좀 더 자세히 들여다보면, 이 종이에서 태양의 빛도 발견하게 됩니다. …… 좀 더 이 종이를 보고 있노라면, 우리들 자신도 이 종이에서 발견하게 됩니다. ……”

참으로 아름답고도 인상 깊은 비유이다. 무심히 지나쳐 버릴 수 있는 종이 한 장도 자세히 들여다보면 이 우주에 존재하는 모든 것과 함께 함으로써 비로소 지금 여기 이렇게 존재하고 있다는 사실을 발견하게 된다. 하물며 생명을 지닌 인간의 경우는 어떠하겠는가. 나라는 존재는 우연히 이 세상에 나타나 이렇게 살아가고 있는 것이 아니다. 이미 오랜 시간에 거쳐 수많은 원인과 결과가 반복되면서 이렇게 존재하고 있는 것이다. 내 몸을 구성하는 무수한 세포는 물론이거니와 나를 둘러싼 가족과 친구들, 그리고 자연 환경 이 모두가 나라는 존재와 공존하고 있다. 내가 있음으로 해서 그들이 있고, 그들이 있음으로 해서 내가 있는 것이다. 이렇게 모든 생명이 유기적인 관계를 형성하고 있다는 점을 인식한다면 어찌 들에 핀 풀 한 포기 함부로 하겠는가. 내 목숨 하나 끊어버리면 모든 괴로움은 다 끝날 것이라고 생각할지도 모르지만, 이것은 또 하나의 악인(惡因)이 되어 그 결과를 나타내게 된다.

나라는 존재, 그리고 내 주변의 모든 존재 역시 온 우주의 요소를 다 품고 있는 소중한 생명이라는 사실을 다시 한 번 돌아보며 신중하게 행동한다면, 현대사회가 안고 있는 생명 경시 풍조에 한 가닥 해결의 실마리를 제공해 줄 수 있을 것이다.

16. 계율 연구의 발전을 바라보며

얼마 전에 교토(京都)에서 열린 계율 연구회에 다녀왔다. 교토의 계율 전공자들과 친분을 맺고 또 최근의 연구 동향에 관해 의견을 나누기 위해서였다. 연구회가 끝난 뒤 함께 식사를 하는데, 한 선생님이 이런 말씀을 하셨다. "내가 계율을 전공하기 시작했을 무렵, 그러니까 1980년대만 해도 계율 연구는 찬밥 신세라 전공자가 다섯 손가락도 못 채울 정도였는데, 최근에는 계율을 전공하는 학자들이 부쩍 늘었습니다. 정말 꿈만 같은 일입니다." 그러고 보니 몇 년 전부터 세계의 불교학계에서 계율 연구는 매우 중요한 연구 과제로 떠오르고 있다. 물론 경(經)이나 논(論)을 중심으로 한 교리 연구에 비한다면 아직 소수이기는 하지만, 그 발전 속도는 심상치 않아 앞으로 몇 년 후에는 이 분야의 연구 성과들과 어깨를 나란히 할 만큼 질적으로나 양적으로 발전하지 않을까 기대해 볼 정도이다.

그렇다면 최근 들어 학계에서 계율에 관한 관심이 커진 이유는 무엇일까? 특히 인도불교사의 연구 분야에서 이와 같은 경향이 두드러지게 보이는데, 그 배경에는 대승불교의 성립에 관한 최근의 새로운 연구 성과들이 한 몫 하고 있다고 볼 수 있다. 대승불교의 발생은 인도불교사에서 가장 큰 수수께끼 가운데 하나로 지금까지 많은 학자들이 다양한 설을 제시해 왔다. 그 중에서도 일본의 히라카와 아키라(平川彰) 박사가 발표한 '재가불탑기원설', 즉 불탑을 중심으로 활동하던 재가불자의 그룹으로부터 대승불교가 탄생했다는 설이 가장 많은 학자들의 지지를 받아왔고, 우리나라의 학자들도 대부분 이 설을 지지해왔다. 이 설에 의하면 대승불교는 전통 부파불교와는 다른 루트로부터 발생한 것이 되며, 따라서 전통 부파의 율은 대승교도에게 있어 아무런 의미도 갖지 못하는 것이 된다. 그러나 최근 이 설이 부정되고 대승불교 역시 기존의 전통 부파불교, 즉 출가자 집단 속에서 발생했음을 보여주는 연구 성과들이 연달아 발표됨에 따라 전통 부파불교의 율장이 새로이 주목받게 된 것이다.

한편, 이와 같은 교단사적인 연구와는 별개로 계율의 내용 그 자체에 대한 관심이 커졌다는 점 역시 매우 주목할 만하다. 최근에는 일반스님들이나 재가불자들 사이에서도 계율의 중요성에 대한 인식이 새롭게 부각되고, 이러한 흐름에 부응하여 학계에서도 좀 더 적극적으로 이론적 토대를 제공해 가는 경향을 보이고 있다. 이와 같은 흐름의 배경에는 계율이 우리의 실생활과 무관하지 않으며, 계율의 실천이 곧 올바른 수행의 밑거름이 된다는 사실을 여러 사건들을 통해 절감하고 있기 때문일 것이다. 사람의 마음이 신체와 독립해서 존재할 수 없듯이, 종교의 사상 역시 나 홀로 존재한다는 것은 불가능하다. 아무리 훌륭한 불교 사상이라도 그 이면에 철저한 자기 관리와 수행을 실천했던 사람들의 존재가 없었다면 생겨나지 못했을 것이다. 과거에 우리는 이 사실을 잠시 망각하고 있었던 것은 아닐까. 예를 들어, 선(禪)사상을 살펴보면, 우리는 선이라는 말에서 묘한 해방감과 무(無)의 경지를 느끼게 된다. 마치 가부좌 틀고 앉아 있다 보면, 어느 날 갑자기 깨달음이라는 선물이 푸드득하고 날아들 것만 같다. 그러나 선종 계통 사찰의 하루를 들여다본다면 이것이 얼마나 큰 착각인지 깨닫게 될 것이다. 청규(淸規)라는 규범에 근거한 엄격한 생활, 바로 이 생활을 기반으로 이루어진 철저한 수행을 통해 선사상은 아름다운 꽃을 피우게 된 것이다.

최근 학계를 비롯하여 불교계 전체에서 부각되고 있는 계율에 관한 관심을 바라보며, 부처님의 가르침을 보다 현실적으로 실생활에 도입하고자 하는 노력이 이루어지고 있는 것 같아 흐뭇하다. 불교는 수행의 종교이다. 그리고 계율의 실천이야말로 올바른 수행을 지속시켜 줄 수 있는 최선의 길이라는 점을 새삼 되새겨 보게 된다.

❀17. 계율은 지금 이 시대를 위한 것

십여 년 전부터 참여불교 혹은 사회참가불교(Engaged Buddhism)라는 것이 크게 주목받아 왔다. 이 말은 불교도들의 사회적 활동을 총칭하는데, 한 마디로 표현하자면 '사회를 만들어가는 불교'를 지향하는 운동이다. 불교도들이 적극적인 자세로 이상적인 사회 만들기에 앞장서고자 하는 이 흐름을 바라보며 불교가 다시 한 번 새로운 모습으로 탈바꿈하여 이 시대를 살아가는 사람들과 호흡을 함께 하게 되리라는 기대를 해 본다. 시대와 장소에 따라 차이는 있겠지만, 전반적으로 보아 불교는 출가자의 경우든 재가불자의 경우든 다른 종교인들에 비해 적극적으로 사회적 실천을 실행해 왔다고 보기는 어렵다. 이런 상황에서 사회를 만들어가는 불교의 가능성을 강조하며 불교도의 사회적 실천을 외치는 의식 있는 사람들의 존재는 마음 든든하다.

오랜 불교의 역사를 보고 있자면, 불교가 새로운 모습으로 거듭날 때마다 계율은 가장 큰 변화를 겪으며 그 시대의 불교도와 운명을 같이 해 왔음을 알 수 있다. 이는 계율이 그 시대를 살아가는 불교도의 삶의 지침이기 때문이다. 계율의 가장 근본적인 문제는 지금 이 순간을 어떻게 살아야 하는가, 삶의 모습 속에서 올바른 생활태도를 실현시키고 보여주는 것이며, 이를 통해 자기 자신은 물론이거니와 사회조차 변화시킬 수 있는 힘을 지녔다고 할 수 있다. 2,500여 년 전, 석가모니가 복잡한 인도 사회 속에서 불교라는 종교를 탄생시키고 발전시켜 나갈 수 있었던 것은 물론 당시의 사람들의 마음을 사로잡았던 교리의 영향이 무엇보다 크겠지만, 또 한편으로는 계율을 도입하여 당시의 사회가 갖고 있던 눈높이와 적절하게 조화를 이루어 갔다는 점 또한 간과해서는 안 된다. 있는 그대로의 현실을 받아들이고 그 현실 속에서 올바른 실천법을 고안하여 충실하게 실천해 갔던 것이다.

불교의 사회적 실천은 대승불교의 발생을 통해 좀 더 적극적으로 실현된 것우로 보인다. 소승불교, 즉 대승교도로부터 미천한 가르침이라는 이름으로 불린 기존의 전통 승가에서는 자신의 깨달음의 획득이 최고의 목표였고 그 목표를 달성하기 위한 기본 실천행인 계율 역시 자리적(自利的)인 성격이 강했다. 이와 같은 경향은 교단 내외에서 비난의 대상이 되었고, 결국 스스로를 대승, 즉 위대한 가르침을 실천하는 사람들이라 자부하며 이타행(利他行)을 강조하는 대승교도들이 나타났던 것이다. 그리고 이것은 계율의 내용에도 큰 변화를 불러일으켰다. 대승계에서는 병자나 가난한 자를 돌보는 행위와 같은 구체적인 사회적 봉사가 제시된다. 자신의 행복에서 그치는 것이 아닌 타인의 행복까지 돌아볼 수 있는 마음, 이것이 대승의 마음이자 보살의 마음인 것이다. 기존의 계율을 엄수하면서도 이에 다른 중생의 행복을 위해 널리 애쓰는 보살의 정신과 실천이 가미되면서 대승은 당시의 기존 승가가 안고 있던 한계를 극복하고 큰 한 걸음을 내딛는 계기를 제공하게 된다.

현대사회야말로 계율의 정신과 실천을 돌아보며 다시 한 번 불교가 변화해야 할 시기라고 생각된다. 하루가 다르게 변화해 가는 사회 속에서 많은 사람들은 가치관의 혼동을 느끼며 방황하고 있다. 옳고 그름조차 구별할 수 없을 만큼 해괴한 일들이 날마다 벌어지고, 빈부격차는 나날이 심해진다. 이 사회에서 살아가는 것에 대해 좌절감을 느끼지 않을 수 없다. 이런 현실 속에서 과연 불교도는 어떻게 살아가야 하며 또 이 사회를 위해 무엇을 할 수 있을 것인가?

계율은 그 시대와의 소통을 필요로 하는 가르침이다. 계율은 다소 금욕적인 면이 있기 때문에 자칫하면 형식적이고 자리적인 면으로 흐를 수 있다. 항상 이를 경계하고 나와 내가 속한 이 사회의 행복을 위해 제 역할을 할 수 있도록 생명력을 불어넣어 주어야 할 것이다.

18. 계율이야기를 마치며

오늘날 우리 사회는 자신의 과오를 인정하고 신뢰회복을 위한 소통의 노력을 기울이지 않아서 여러 가지 문제들이 일어나고 있다. 부도덕성에 근거한 소통의 부재는 비단 정치와 관련된 영역에만 한정된 얘기는 아닌 것 같다. 몇 년 전 언론에 보도된 마곡사와 관음사 사태, 그리고 세간을 떠들썩하게 했던 동국대 학위 논란 사태 등 불교계에서도 너무 크고 많은 불상사가 발생했다.

필자는 이러한 불상사의 배경에는 윤리의식의 부재가 일차적 원인으로 존재한다고 생각한다. 다시 말해 계율 정신과 그 실천의 상실로 인해 불교계는 큰 홍역을 치른 것이다. 일반사회에 윤리라는 것이 있다면, 종교계에는 일반사회보다 더 엄격한 내용의 윤리와 생활규칙이 존재한다. 불교에서는 이를 계율이라는 말로 표현하는데, 이는 수행의 첫걸음에 비유될 만큼 불교도가 반드시 실천해야 할 필수적이고도 중요한 요소이다. 그럼에도 불구하고, 언제부턴가 불교계는 계율을 잊고 살아왔다. 계와 율의 철저한 실천을 통해 수행에 정진하고 재가자의 모범이 되어야 할 출가자나, 계의 실천을 통해 스스로의 심신을 닦아 올바른 삶을 살아야 할 재가자나 양쪽 모두 잠시 그 중요성을 망각해 왔다. 이로 인해 서로에 대한 불신은 한없이 커지고 결국 출가자와 재가자 사이에는 신뢰를 바탕으로 한 원활한 소통을 기대하기 힘든 상황에까지 이르고 만 것이다. 이것은 불교계 내부를 넘어 이제 일반 사회와 불교계의 갈등으로까지 번지고 있다. 그러나 많은 대형사고의 발생은 다행히도 불교계에 각성의 기회를 주게 된 것 같다. 최근 들어 부쩍 늘어난 계율에 관한 관심이 이를 대변해 준다고 할 것이다.

1년 8개월 동안 필자는 계율이란 것이 과연 불교도에게 어떤 의미를 갖는 가르침인지를 독자와 함께 고민하는 기분으로 연재해 왔다. 그 결과, 계율이란 스스로의 몸과 마음을 닦는 수행임과 동시에 다른 사람과의 원활한 소통을 도와주는 연결고리라는 점에서 더욱 더 중요한 가르침이라는 결론에 이르렀다. 인간(人間)은 태어나면서부터 누구나 사람〔人〕 가운데〔間〕 존재한다. 이 세상에 완전히 고립된 인간은 없으며, 누구나 태어나는 순간 이미 많은 사람들과 관계를 맺고 살아가게 된다. 그 과정에서 사람들과의 원활한 소통을 위해 필요한 규칙을 익혀가게 되는데, 이것이 바로 윤리이다. 윤리가 제대로 작동하고 있을 때 사람들 사이에는 신뢰에 바탕을 둔 원활한 소통이 이루어지지만, 이 규칙을 위반한다면 반목과 불신 등으로 인해 서로에게서 등을 돌리게 되는 것이다. 세간의 윤리와 더불어 불교도에게는 불교도로서 자긍심을 갖고 실천해야 할 계와 율이라는 고귀한 삶의 지침이 있다. 출가자는 계를 바탕으로 한 율의 실천을, 그리고 재가불자는 계의 실천을 통해 자신의 인격 완성은 물론이거니와, 자신을 둘러싼 주변 세계와의 원활한 소통을 도모할 수 있게 되기를 진심으로 기원해 본다.

이자랑

동국대학교 인도철학과 및 동대학원 석사과정을 졸업하고, 일본 토쿄(東京)대학 인문사회계 연구과 인도철학·불교학과에서 〈초기불교교단의 연구 - 승가의 분열과 부파의 성립〉으로 문학박사 학위를 받았다. 일본 토쿄대학 외국인 특별연구원을 거쳐 현재 동국대 인도철학과 강사로 재직 중이다.

〈율장에 나타난 부동주(不同住, nānāsaṃvāsaka)에 관하여〉 〈승가의 추방에 관하여 - 멸빈(nāsana)을 중심으로〉 〈소소계(小小戒)에 관한 논쟁〉 〈승가화합의 판단기준에 관하여〉 등의 논문과 역서로 《인도불교의 변천》이 있다.

나를 일깨우는 계율 이야기

초판 인쇄 2009년 8월 5일
초판 발행 2009년 8월 10일

지은이 이자랑
펴낸이 이규만
편집 임동민
펴낸곳 불교시대사
등록일자 1991년 3월 20일
등록번호 제300-1991-27호
주소 (우)110-320 서울시 종로구 낙원동 58-1
종로오피스텔 1020호
전화 (02)730-2500, 725-2800
팩스 (02)723-5961

출력 상지 P&I
인쇄 천일문화사
제본 아산제책사

ISBN 978-89-8002-119-2 93220

* 잘못된 책은 바꾸어 드립니다.
* 값은 뒤표지에 있습니다.